教育心理学概論

三宅芳雄・三宅なほみ

(新訂)教育心理学概論（'14）
©2014 三宅芳雄・三宅なほみ

装丁・ブックデザイン：畑中 猛

o-10

まえがき

　教育心理学は，人が賢くなる仕組みを明らかにして，人をより賢くするにはどうしたらいいのかを探る研究分野である。人は生まれつき身の回りにあるものごとや自分が経験したことの中に規則を見出す仕組みを持っている。自分の経験と他人から聞いたことを結びつけて視野を拡げる仕組みも使える。研究手法としては，こういう仕組みを詳しく知るために，人がさまざまな課題を具体的に解決する過程を観察・分析して，その過程を引き起こす認知過程を解明し，見つかってきた仕組みを実際活用して課題解決を支援してみて，その確かさを確認しながら次の研究テーマを見つけて先に進む。こうすることで，教育心理学の研究成果は，学校など学びが起きる現場で人の賢さを育てることにつながる。最近では，複数の人による学びの過程や，課題解決に適した環境やツールの研究，また学びの過程をこれまでよりも広範囲で長期かつ詳細に記録して分析する研究などが盛んになっている発展的な分野である。

　この教材の著者2人は，教育心理学に関わりながら，心理学そのものが大きく変わる時代を生きてきた。20代後半でアメリカに渡り，当時心理学をもっと多くの人間についての科学と融合させ認知科学として推進する拠点校のひとつ，カリフォルニア大学サンディエゴ校に留学した。その頃の認知科学は，言語学や哲学，文化人類学や社会学，情報科学や脳科学とも一緒になって，より大きな視野から多面的，俯瞰的，統合的に「人とは何か」「人はいかにして賢くなるか」を，人が生きているリアリティから離れることなく明らかにしようとしていた。

　その頃2人とも日本では修士を終え，1人は国立の研究所に就職し，もう1人は博士課程にあがって日米の親子の関わり方がその子の就学後

の学びをどう準備するかを調べる大きなプロジェクトの手伝いをしていた。しかし，留学に際してはあえて向こうの大学院に修士から入り直し，5年をかけて博士号をとって戻ってきた。こういう伏線を通ったことで，アメリカで新しい学問領域が生まれるその場を体験できたのは幸運だったと思う。なかでもその5年間で実感したのは，人の行動の複雑さである。人の行動は，頭の中で起きるものであってもまた外から観察できる行為であっても，どちらもさまざまな内的な過程と外界からの無数の刺激との間の複雑な絡み合いの結果として起きる。その中で人が学んでいく様子は，これら2つのインタラクションのインタラクションになっている。そう簡単に「こうしたらいい教育ができる」と処方の定まるような研究対象ではない。

　しかも，人を相手にする研究だから，1つの行為は1回しか起きない。「繰り返し，同じ条件でやってみたらどうなるか」という実験は，人に関しては多くの要因を切り落として擬似的にしか使えない研究手法である。「子どもたちにこういう教え方をしたら必ずこうなる（はず）」という一般理論は成り立たない。心理学は「理論を作る」研究領域ではなく，常に前に起きたことの詳細な分析と直感的な把握を頼りに，「次，この特定の人，あるいは人たちに，こう働きかけたらこうなるのではないか」という一回性の予測を持って実際働きかけてみて，その結果から得られる次の予測や直感をまた次の実践で確かめていくしかない「実践の科学」である。その絶え間ない予測と実践，実践の結果から次の予測を立てて次の実践につなぐ作業が，大量に実行され，ある一貫性を持つ方向を示し出した時，私たちはそこにある種の「人の傾向」「人に対してより確実な予測を可能にする実践原理」を持つことになる。

　そういう動きをふまえて，この教科書では，人がいかにして賢くなるかをダイナミックに，かつ丁寧に解き明かして行く研究のおもしろさを

伝えたいと思う。人は，誰でも「人はこのようにするとうまく学べるものだ」という「学びのモデル」を持っている。「好奇心が大事」「時間を十分かけることが大事」「受験勉強にもそれなりの意味がある」「ある種のことがらは，一定の発達段階に達してからでなければ習得できない」「数学は暗記だ」などなど，どれももっともらしいが，実態を語るにしては話しがすっきりしすぎている。よく考えると互いに矛盾したモデルもある。私たちは，このどれもが，過度に単純化されたものであること，なぜ人が人の学びに対して過度に単純化されたモデルを持ってしまう傾向がこれほど強いのかをまず理解すること，そしてそのうえで，実際に学校で特定の子どもに起きる学びをどこまでモデル化できるか，そのためにはどんな研究をすればいいのかをこの教科書で解説していきたいと思っている。スタンダードな教育心理学とは少しおもむきの違う教材だが，受講するひとりひとりの方が，それぞれの場で，実践的な研究に携わっていくための基礎固めの一助になれば，と願っている。

2014年2月
三宅　芳雄
三宅なほみ

目次

まえがき　3

第Ⅰ部　人はみな，学び続ける仕組みを持っている

1　実践の科学としての教育心理学
　　　　　　　　　　　　　　　｜　三宅芳雄・三宅なほみ　11
1．教育心理学という学問領域　　12
2．学び続ける仕組み　　15
3．本書の構成　　19

2　活動の認知過程：学ぶことと分かること
　　　　　　　　　　　　　　　｜　三宅芳雄・三宅なほみ　24
1．簡単な計算の認知過程　　25
2．街を移動する認知過程　　29
3．文章の理解　　34

3　人が自然に学ぶ仕組み
　　　　　　　　　　　　　　　｜　三宅なほみ・三宅芳雄　41
1．人は，自分なりの考え，知識を持っている　　43
2．自分なりの考え，知識は見直すのが難しい　　51

4 | 小さい子どもの自然な学び
　　　　　　　　　　　　　　　　　| 三宅芳雄・三宅なほみ　56

　1．ものの世界の理解　57
　2．単純化へのバイアス　59
　3．表象書き換え理論　63

5 | 経験から作る素朴理論
　　　　　　　　　　　　　　　　　| 三宅なほみ・三宅芳雄　69

　1．概念変化という考え方　69
　2．生物分野での素朴概念――擬人化モデル　71
　3．天文分野での素朴概念――フレームワークと統合　75
　4．物理分野の素朴概念――「断片的知識」アプローチ　78
　5．学校教育から見た素朴理論の特性　82

6 | 対話で理解が深化する仕組み
　　　　　　　　　　　　　　　　　| 三宅なほみ・三宅芳雄　85

　1．知識や理解は社会的に構成されるとする考え方：社会的構成主義　86
　2．建設的相互作用論　88

第Ⅱ部　自然な学びが起きる場と，そこで起きる学びの形

7 | 遊びから学ぶ
　　　　　　　　　　　　　　　　　| 三宅なほみ・三宅芳雄　98

　1．学びを促進する遊び　99
　2．保育園で，みんなと一緒に考えながら学ぶ　101
　3．動機づけはご褒美で育てられるか　104
　4．学ぶための動機づけ，学ぶことによる動機づけ　106

8 | 日常経験から学ぶ　　| 三宅なほみ・三宅芳雄　109

1. 路上でものを売る子どもたちの，売り場の中での計算　109
2. 長期にわたる経験に支えられる計算
   ——スーパーマーケットでの計算　118

9 | 熟達する，職場で学ぶ　　| 三宅芳雄・三宅なほみ　122

1. 熟達者（エキスパート）と素人の違い　122
2. 熟達化の諸相　127
3. 職場で誰でも熟達するか　130
4. 多人数で働く中で　131

第Ⅲ部　自然に起きる学びの過程を活用した実践

10 | 問題を見つけて，解きながら学ぶ　　| 三宅なほみ・三宅芳雄　137

1. The Jasper Project　138
2. Learning By Design　147

11 | 結果の予測を積み重ねて科学する　　| 三宅なほみ・三宅芳雄　153

1. 科学的な仮説を自分で作る仮説実験授業　154
2. 科学的探求を日常生活と結びつける WISE　163

12 知識を統合して新しい答えを作る
| 三宅なほみ・三宅芳雄　170

1．学びが進む仕組みから授業の設計条件を探る　172
2．建設的相互作用を設計条件とした授業デザイン
：知識構成型ジグソー法　180

第Ⅳ部　学び，教育，学習研究のこれから

13 テクノロジーの時代の学習と教育
| 三宅芳雄・三宅なほみ　192

1．「学びのモデル」の三態変化　193
2．3つの時代の学びのモデルを
　　8つの観点から比較する　195
3．学習目標の見直し　204

14 学びと評価を近づける
| 三宅なほみ・三宅芳雄　210

1．評価とは何か　210
2．21世紀型スキルの評価と育成　221

15 学習の実践的な研究のこれから—21世紀の学びに向けて
| 三宅芳雄・三宅なほみ　229

1．学習研究の先駆者たち　229
2．教育改革はなぜ難しいか　233

参考資料　241
索引　248

第Ⅰ部　人はみな，学び続ける仕組みを持っている

　人は，生まれ落ちた時からすぐ，身の回りを探索しながら少しずつ世の中の成り立ちを理解していく。そうやって自分で自分の賢さを作り出していけるよう準備されて生まれてくるともいえる。やがて子どもは，自分1人で学んだことを，親や兄弟，回りの他人など，他者との関わりの中で徐々に広げて，今まで遭遇したことがない状況にも対応できるようになっていく。こう考えると，人が賢くなる仕組みは，常に周りのものや人など外とのインタラクションの中から生み出されてくるともいえるし，またそうやって分かってきたことを使って，周りのものや人に対して予測や期待を持って自分から働きかけるインタラクションによって積極的に作り出していく両面を持っている。わたしたちの知性，賢さは，わたしたちを取り巻く外からの働きかけと，生まれ落ちた時から徐々に自分で育てていく内からの働きかけの，双方の働きかけを掛け合わせた「インタラクションのインタラクション」から生まれてくる。第Ⅰ部では，その多様なインタラクションのあり方を少しずつ解き明かしながら，人が賢くなる仕組みを理解する。

1 ｜ 実践の科学としての教育心理学

三宅　芳雄・三宅なほみ

　人は，学び続ける動物である。なぜそういえるかというと，人が問題を解いていたり，新しい問題の解を見極めたりする時どういうことが起きているかを詳細に観察してみると，人は，何かが少し分かってくると，その先にさらに知りたいこと，調べたいことが出てくることが多いからだ。人は何も知らないから学ぶのではなく，何かが分かり始めてきたからこそ学ぶ，ともい

える。人は，多くのものに囲まれて，たくさんの他者とのやりとりの中で暮らしている。1日として同じ日はない。同じ本を2度読んだり，同じ問題をもう1度解いてみたり，同じ製品をもう1度開発しようとしてみたりすると，前と同じことはできなくなってしまっていることも多い。それは，人が時々刻々生きて成長していく中で，経験が積み重なり，見えてくるものも変わってくるからと考えれば当然のことだろう。そうやって人は，少しずつ自分の考えを変え，関心の対象を変え，解きたい問題，疑問に思うことがらを変えていく。その過程にずっと一生つきまとうのが，経験を次に活かすこと，つまり「学び」である。この教科書では，教育心理学が扱う学びを，人が一生続ける認知プロセスとして捉えていく。

1. 教育心理学という学問領域

　教育心理学は，人が一生続ける学びの質をできるだけ高く保ち，また一生発展させ続けるにはどうしたらいいかを問う研究領域だといえる。だから，教育心理学は，今学生として自分自身がまだおもには学んでいるという人にとっても，そろそろ他人を教える立場にある人にとっても，その両方から卒業して人はいかにして今以上に賢くなり得るかを思索している人たちにとっても，それぞれの立場から現状を学び，現状をよりよいものに変えていく取り組みを可能にする学問だと思う。受講生のみなさんが，それぞれ異なる立場を活用して，教育について改めて考えてみて，自分自身の学び方，教え方を少しでも変えて，みなさん自身にとってよりよい学びや教えが可能になるような教科書にしたいと思っている。

　教育心理学は，古くて新しい学問である。「教育」という営み，大人が今の社会で大事にされていることを次の世代の人々に組織的に伝えようとする試みそのものの歴史は古い。その「教育」をできるだけ質の高いもの，効率のよいものにしようとする取り組みを，人の心の働きを解

明したうえで行おうという研究分野が教育心理学だとすると，そういう研究は昔からあった。ただ，その基盤になっている「人の心の働きの解明」そのものが最近大きく変化している。それに従って，教育心理学も変化を続けている。同時に，世の中の変化が激しくなり，社会の先が見通せなくなってくると，「質の高い教育」とは何かについての意見も変わってくる。この両面から，教育心理学は日々新しく生まれ変わり続ける学問領域だといえるだろう。

　この教科書では，教育心理学が変化している様子をそのままお伝えしたい。わたしたち2人の講師がこの先こうなるだろうと今見渡せる地平を見渡し，教育とその研究があるべき姿を探っていきたいと考えている。この第1章では，現時点での教育心理学が拠って立つ人の心の働きについての考え方と，その考え方から見て「できるだけ質の高い教育」とはどのようなものかを解説しておこう。本教科書全体で，今の，特に学校教育の先に，どんな教育の機会の広がりがあり得るのかを探る。その変化の仕方をある程度の予測をもって実践し，そこからデータをとり，仕掛けるべきアクションはきちんと仕掛けたうえでその効果を見る。こういうアクションリサーチとして教育研究を進めていく手法に従ってさまざまな原理と，さまざまな実践，そして将来の課題への展望を探っていく。

　教育心理学を学ぶことの目的は，「教育」という働きかけを受講者であるあなた自身がよりよく実践できるようになることである。教育という現象について語ることは，誰にでもできる。外から見えている事実に対して善し悪しの意見を述べたり，またその善し悪しの分かれた理由を説明する仮説を出したり，その事実の社会的な波及効果を推測したり，取り組み方そのものの改善案を呈示したりする人もたくさんいる。現代社会で生活する人はほぼ誰でも自分自身が教育を受けたことがある当事

者なので，自分の経験をもとになにがしかのことを語ることができるからである。しかし，教育について「評論すること」そのものが「教育の質を今あるもの以上に変えること」は，ほとんどない。人が学ぶ仕組みがほんとうのところ大変たくさんの要因が互いに影響し合う複雑な過程であるのに対して，評論で捉えられるのはそのごく一部で起きていることにすぎないからである。学びは，それが起きている現場で実況中継しようとしても恐らくできないほど入り組んだ過程である。さらにいえば，学びは学習する個人がその時点までに学んできたこと，経験してきたことを土台として起きる。言い換えると，ひとりひとりの学びは，ひとりひとりがそれまで理解してきたこと，経験して作り上げてきた知識の違いを反映して，ひとりひとり違うものである。「教育」実践の質を上げるには，このひとりひとりの違いに基づく学びの複雑な過程を考慮に入れなければならない。

　こう考えてみると，教育の実践の質を上げるために教育心理学を学ぶなら，自分自身の体験や直感を頼りにするのではなく，人が本来どのようにして学ぶものか，ひとりひとり違う過程を経て成立するひとりひとりの多様な学びについて，一体どの程度のことが共通事項として了解できるものなのか，を探っていかなくてはならないだろう。この教科書では，そういったものの見方の中でも基礎的なものを，時に繰り返しながら，解説する。受講生のみなさんが学校や職場，あるいは家庭で教育を受けたり，授けたりする場があるなら，そこでこの講義でよいといわれていることを自ら活用して，それがどこまで有効か，肌で感じてみなさんの理解そのものを作り変えていって頂きたい。そこから，みなさん自身の教育心理学が立ち現れてくるだろう。

　以下，この章ではまず，わたしたち2人の講師が教育や学びについて考えるときにとる基本的なスタンス（立ち位置）を概観し，本教科書の

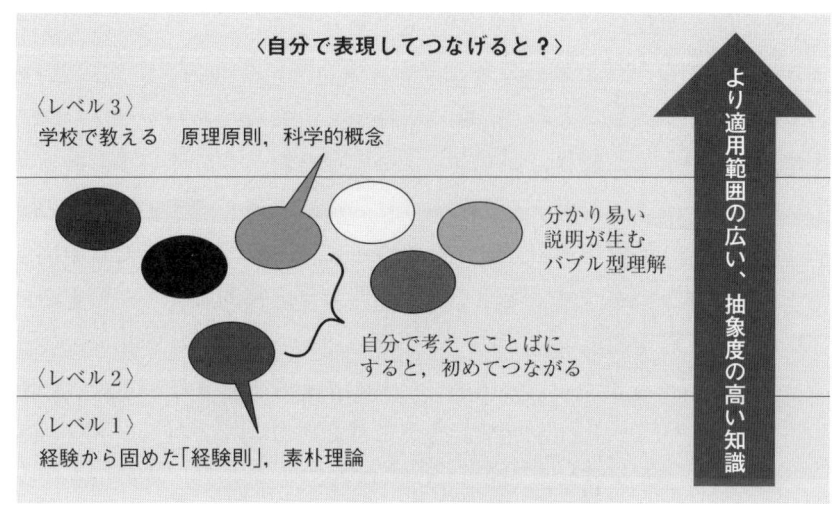

図1-1　知識と理解の社会的構成

構成を解説する。

2. 学び続ける仕組み

　図1-1は，知識や理解が社会的に構成される様子を示したものである。人は，生まれ落ちてすぐ外界を一定のやり方で切り取る装置を持っている。周りのものの見方や，周りのものへの関わり方が一定の方向で起きるよう制約されている。この制約によって，小さい子どもでも，日々経験することに対してひとつの予測を持ちながら，その予測を確かめていくことができる。そうやって，小さい子は小さい子なりに，経験をまとめて予測のための一種の規則を作る。こういう，子どもなりに一般化したものの分かり方を「経験則」と呼んでおこう。これが図の一番下にあるレベル1の理解である。

　子どもは毎日，新しく経験したことを少しずつその中に取り込んで，

この経験則を強化したり，少しずつ変えたりしている。家の応接間で柔らかいボールをそっと蹴って遊んでいた子は，「ボールをこのくらい蹴るとあそこまで行く」という経験則を作って，だんだん行かせたい所までボールを行かせる蹴り方ができるようになるだろう。その子がある時，外の公園でもっと硬いボールを蹴ることになったとしよう。最初どのくらいの力を入れて蹴ったらいいかを決めるには応接間で作った経験則を使うかもしれないが，外で何回かやるうちに，応接間モデルが特定の公園モデルに「適用範囲を広げて」いくだろう。この子は，応接間に戻れば応接間モデルも使えるだろうから，「適用範囲を広げている」といえる。これがすべて，レベル1で起きることである。

　やがてこの子が学校に上がり，物理学を学び始めると，経験則とはかなり違う「新しい考え方」に触れることになる。極端にいうと，「物質に一定の質量がある時，一定の力を加えると，物質は等速運動をする」と教えられる。子どもの経験ではこういうことは起きないが，これが今この子が「学ばなければならない」レベル3の科学的知識，あるいは「学校の教科書にある考え方」である。

　この2つをつなぐのが，レベル2で起きる学習過程である。科学者は，ここに恐ろしいほど長い時間と，もう記録に残っていないたくさんの人々を巻き込んでその人たちの間でなされてきた情報交換，実験，結果をもとにした議論，議論をまとめた抽象化，抽象化された証拠を元にした仮説づくり，仮説を実体化して工学的に得られた証拠などを経て，科学的知識を「社会的に構成」した。学校で科学的な概念を学ばせようという場合，この過程を追体験できればよいが，時間的にも制度的にもその方法はベストではないだろう。かといって，ここでレベル3の考え方が分かっている教師が「分かり易い説明」をすると，それはそれだけ独立した，経験則とは別の「バブル型」の，一時的にしかもたない知識と

して取り込まれる可能性が高い。ここ30年ほどの学習科学研究の成果を見ると，こういう「独立して」レベル2空間に浮遊する知識は，学習者の頭の中に一定時間とどまるものの，使わなくなれば消えてしまうし，何より少し別の文脈で取り出されて使われ続けることがほとんどない。

　ここで試みたくなるのが，もともと科学者がレベル1とレベル3をつないだ「社会的構成」法である。これを，学び方のひとつとして抽出できれば，学校の教室で似た過程を再現できる可能性がある。これが今世界的に実践され，検討されている協調学習という取り組みである。この教科書でも，図1-1のモデルに従って，レベル2を学習の場で埋めるような学習原理として「対話」を取り上げ，その仕組みや実践例を紹介していく。その意味で，図1-1は，この教科書が受講生の皆さんに検討してほしい「学びのモデル」のもっとも基本的な形である。

　人の学びはそれぞれ学ぶ人の歴史に基づく，個人特有なものである。それでも人には生得的に，世の中を一定の方向で見る見方が備わっており，周りの物事を人としてほぼ同じように了解していくと考えられている。たとえば赤ん坊は，生まれてすぐに「1」とそれ以外を区別したり，ひとつの「もの」が物理的に他の「もの」と同じ場所を共有することはできない（ものが他のものの中に勝手に入り込んで居場所を共有することはない）ことを「理解」しているかのように振る舞う。人はまた，周りの人が交わすことばを聞きとって，その使われ方に一定の法則があることを教えなくても身に付ける。そういう共通のベースを持っているから，人と人とは互いに関わり合って生きていくことができる，とも考えられる。

　そういう基本的な共通ベースを持っていても，日本に生まれた子が日本語を話すようになり，韓国に生まれた子が韓国語を話すようになるように，ひとりひとりの人間は，生まれた場所，文化，周りの他者との関

わり合いの中で，経験から学びとるものが異なっていく。ここではごくおおざっぱに，人は，その置かれた場所，経験することをまとめて，次を予測するための経験則を自ら作り上げるものだ，と規定しておこう。ことばを聞きながら，そのことばの組み合わせの仕組みや意味するものを自ら「規則」として抽出していくように，子どもは日々の経験から「毎日，遊んでいるとそのうち暗くなってくる」ことや，「丸いものを押すところがる」ことなどを了解していく。経験則は，大人でも作るものだし，よく使ってもいる。通勤の経路がいくつかある場合，ある経路の方が他の経路より事故が多いから大事な会合がある時には事故の少ない方の経路で出勤しようと考えるなどは一例だろう。

　子どもたちの持つ経験則をすべて調べ上げた研究はまだない。余談になるが，教育心理学といっても人の学びについてこういう「基礎データ」のような事実がすべて揃っているわけではない。理由は，調べるのが大変すぎるからだろう。人の行動の記録が過去に例を見ないほど集め易く，またプライバシーに配慮しつつ解析もし易くなってきている現在の技術がさらに進歩することによってこういう基礎データが分析できるようになると，近い将来人の学びについての研究は大きく様変わりする可能性もある。子どもの経験則がどのようなものかすべて分かっていなくても，「子どもは自分の経験から経験則を作るものだ」と考えることにした途端そこから当然引き出されてくる結論がひとつある。それは，子どもひとりひとりの経験則はそれぞれの子どもによって異なるだろう，ということである。経験することも，経験したことのうちの何が印象に残るかも，印象に残ったことをどうまとめるかも，経験則を作る主体に任されている部分が必ずあると考えると，「子どもの学びはひとりひとり異なる」と考えるのがもっとも自然な帰結である。

　同じ理由で，人は生まれ落ちた文化が豊富に提供する経験から経験則

を作り易い。「状況に支えられた学び」が起きる。だんだん成長して，同じ文化を共有している仲間と「話し合う」機会が増えてくると，同じ経験をしていても，経験則の作り方，作った経験則そのものは少しずつ違うことが分かってくる。近い経験を共有しているだけに，互いの違いが見え易い。相手との違いを自分の中に取り込んで，「自分とは違う見方」も試みてみることができるようになる。他人とのやりとりの中で，自分の考えを変えながら，「学び続ける」ことができるようになってくる。もっと大人になって，自分の置かれた状況や文化の外に出る機会が多くなると，文化の異なる人々の経験則に触れる機会も多くなる。そうやって，人は，自分が置かれた状況から自分で作った経験則について，それが適用できる範囲を少しずつ広くする方向で学び続けることができるといえるだろう。学校という制度や，メディアは，この経験則の適用範囲を系統的に広げたり，本来広げるチャンスの起こり難い範囲にまで広げたりすることに役立っている。

3. 本書の構成

本書の章の構成は以下の通りである。
●第Ⅰ部　人はみな，学び続ける仕組みを持っている

　人は，学校でも，また学校以外の日常的な生活の中でも，たくさんのことを経験してそこからたくさんのことを学んでいる。第Ⅰ部は，そうやって人に普通に起きる学びの姿をもう一度さまざまな角度から確認してみよう。そうすることで，私たちは，私たちがどれほど賢いか，また同時にいろいろなことを学んでしまっているせいでどれほど賢くないか，自分の考えをどう変えて，新しく学んでいけるものかが見えてくる。

　この第1章での概説に続けて第2章では，学びという活動をその認知過程に立ち戻って考察する。ここでは，人がいろいろな経験をして生活

している中で，おもには頭の中で起きていること，起こしていることを捉える「認知的な」過程に焦点を当てて，人がいかに学ぶものかを整理する。その中で，「活動」「枠組み」「表象」などの認知過程を語るための用語を紹介しつつ，なぜ「学び」について考える時，その背後にあって外からはよく見えない認知過程を考える必要があるのかを解説する。

第3章「人が自然に学ぶ仕組み」では，人は活動の中で学ぶということの意味と効果を探る。第2章で解説したことをもとに考えると，私たちは普段生活している中でいつも新しい「問題」に遭遇し，その問題を解きながら新しいことを学んでいる。人が日常的に「賢く」振る舞ったり，「賢くな」かったりする例をいくつか見ながら，それらの例が示唆することをまとめて，「人の賢さ」とはどのようなものかを考えるところから入っていく。

続く第4章「小さい子どもの自然な学び」では，人生の初めの頃，すでに起きている学びを扱う。小さな子どもの世界に戻って，彼らがそもそも身の回りで起きるさまざまな現象を捉える仕組みを持っていること，そういった仕組みを使って，世の中を一定の方向で捉えること，いわば「世界のモデル」を持って，これから起きることを予測しつつ「学びの土台」を作り上げる様子を探る。

第5章「経験から作る素朴理論」では，概念変化と呼ばれる枠組みで発達心理学者が進めてきた研究の主要な所を紹介する。人は，小さい時から身の回りで起きることを観察して，一定の規則性がある素朴な理論とでも呼びたくなるようなものとして捉えようとする。こういう，人が他人から教えられるのではなく自分の経験に基づいて自分なりにこしらえ上げて予測に使う分かり方を「経験則」，経験則が集まったものを「素朴理論」と呼ぶ。ここでは物理学，生物学，天文学それぞれの素朴理論を扱う。ここでの話しは，素朴理論を初期仮説として持つ子どもた

ちにどう働きかけたら彼らの素朴理論が科学的概念に変わるのか，子どもに概念変化を引き起こすにはどう教育すればいいのか，という教育心理学ならではの研究主題につながっていく．

第6章「対話で理解が深化する仕組み」では，実際に概念変化を引き起こそうとする時，使えそうな認知的過程を取り上げる．科学者も子どもたちと同様，日常的に経験できることから次の現象の予測のための経験則を作り，それらをたくさんの人たちの間で突き合わせながら，より抽象的な科学的理論に作り変えていったと思われる．この概念変化の仕組みを支えているのは，人と人との間の対話と，そこに起きる建設的な相互作用である．この仕組みが今，学習を扱う科学の中で「協調的学習過程」として注目を集めている．その仕組みの詳細を解説する．

●第Ⅱ部　自然な学びが起きる場と，そこで起きる学びの形

うまくいく学びの原理を探しに，人の賢さがうまく育てられている場で起きていることを見ていく．最初の第7章「遊びから学ぶ」では，遊びから何が学べるか，自発的な創意工夫が求められるかどうかで学べることがどう違ってくるか，を見てみよう．

続く第8章「日常経験から学ぶ」では，子どもたちの学びについて，学校での学びではない，むしろ日常的な生活の中から学んでいる可能性を調べた研究として「路上計算」を取り上げる．ブラジルでキャンディやココナッツの実を売って家計を助けている子どもがどんな「算数」を学ぶのか．キャンディを売る子どもたちとココナッツの実を売る子どもたちとで学んでいることが同じだろうか，違うのだろうか．そもそも大人がたとえばスーパーマーケットで扱う計算に，学校でたくさんやった計算練習はどう貢献しているのだろう．この章では，おもに認知的な関心の高い文化人類学者の研究を紹介する．

第9章では，「熟達する，職場で学ぶ」と題して，大人になるまでの

長い学びを扱う。人は職場に選んだ所では一体どれほどのことが学べるものだろう。認知科学的な研究をする文化人類学者が行ってきた研究の成果を紹介する。

●第Ⅲ部　自然に起きる学びの過程を活用した実践

「人が賢くなる仕組み」を見つけて，それを最大限に活かして人を学びに導けるかどうか，実際に教室で授業として実践して進められている研究を追う。

第10章では，「問題を見つけて，解きながら学ぶ」実践を扱う。この章では，The Jasper Project という一連の教材のひとつを紹介し，問題を見つけて，解きながら，何が学べるかを見ていこう。日常生活の中で起きるかもしれない場面を舞台に距離と時間と速さの関係の捉え方が学ばれている。

第11章では「結果の予測を積み重ねて科学する」実践を取り上げる。子どもの経験則は，新しく起きる現象の結果がどうなるか，予測する力を持っている。だとしたら，次々に新しい実験を取り上げてその結果がどうなりそうか「新しく遭遇する現象」の予測を，繰り返しやってみたらそこに質のよい学びが起きる可能性がある。初めは経験則から予測し易い現象の結果を予測する活動，そのうち段々前の実験で学んだことを使って予測するような活動につなげていったら，ひとりひとりの経験則は，次第にクラス全体として，今の科学者が共有する科学的な仮説に近づいていく可能性がある。この章は，そういった過程を実際に教室で引き起こして科学を学ぶ実践例を2つ取り上げる。

第12章では，「知識を統合して新しい答えを作る」ような対話を教室の中で引き起こし，新しい学びにつなげる実践の原理と成果を検討する。この章では，学習指導要領や教科書にある典型的な学校型の学びにこの対話で学ぶ原理を持ち込んで，ひとりひとりの経験則や，教科書に説明

してあるひとつひとつの断片的な知識を自分たちで集めて統合して答えを作る活動に仕立て上げ，ひとりひとりの学びと，その学び方そのものの学びを引き出そうとする「知識構成型ジグソー法」を紹介する。

●第Ⅳ部　学び，教育，学習研究のこれから

第Ⅳ部では，これまでとは少し異なる視点から，教育心理学のこれからの研究の姿をまとめてみたい。最後の3章ではあなたの学びのモデルを作り替えるための素材を提供する。

第13章「テクノロジーの時代の学習と教育」では，これまで学校が果たしてきた役割と，今の時代に要請される学びのゴールについて，さまざまな角度から比較しながら考える。

第14章「学びと評価を近づける」では評価を正面から取り上げる。評価というと，どうしても「決められたゴールに到達したかをテストで測ること」と考えてしまう。しかしこれではこの教科書が想定しているようなひとりひとりの多様な学びが把えられない。この章では，変革的な形成的評価という新しい考え方を導入して，評価のモデルを作り替えてみよう。

最終章第15章「学習の実践的な研究のこれから─21世紀の学びに向けて」では，今学習科学と呼ばれる新しい実践の科学の基礎を作り上げてきた人々を外観し，その中の1人の学習科学研究者の考え方を紹介しつつ，それに添ってわたしたち2人の著者のコメントを加えていく。そこから，あなた自身の取り組みたい実践的な研究の具体像が生まれてくることを期待している。

2 活動の認知過程：学ぶことと分かること

三宅　芳雄・三宅なほみ

　わたしたちは日々活動しながら学んでいる。この活動は、外から見えるものもあるが、心の中だけでしか起きない活動もある。わたしたちが活動の中で学び、学ぶことが活動の仕方そのものを変えていくのに対して、そういう活動を繰り返し行っているうちに分かってくることがある。そうやって分かってきたことがわたしたちの判断を支えている。この「学ぶこと」と「分かること」はどちらも「学習」と呼ばれることがあるが、実際心の中でどういうことが起きているかを考えると「学ぶこと」と「分かること」とを区別しておいた方がよい。第2章ではこの「学ぶこと」と「分かること」とがそれぞれどういうことなのか、それらを語ることばも含めて教育心理学を学び始めるこの時点で整理しておくことにしよう。

　第2章のテーマは学習をどう捉えていくのかという一般的な話である。まず、学習は基本的には心の中で起きることだという話から始めよう。人は実は心の中で色々なことを考えている。その多くは外からは直接見ることができない。しかも、人が心の中で考えていることはみな同じように見えても、人それぞれで驚くほど多様である。さらにもう1つ特に教育心理学の話で取り上げたいのは、人は活動することによって、心の中で考えることも変わっていくということである。

　上でいう「心の中で起きること」を指して「認知過程」という言い方をすることがある。この教科書では見たり、聞いたり、学んだり、分かったり、考えたり、思いついたり、感じたり、さらには判断したりする心の中の働きをすべて認知過程と呼ぶことにする。

つまり，この章では，外からは見えないけれども，人の心の中ではさまざまな認知過程が起きていること，しかもそれが人によって色々であるということ，またその認知過程が学びによって変わっていくということの3つをまず確認したい。そうやって学んだ結果出来上がってくるのが「分かっている」という状態である。この「分かり方」そのものがまた学びによって変わっていく。

　このように実際心の中で起きていることは，とても複雑なのだが，この第2章では教育心理学概論の出発点として，今挙げた3つのことを例を使って説明し，学習を捉えるための枠組みを作り，その中で学ぶことと分かることがそれぞれどのようなことかをはっきりさせておこう。はじめに，簡単な計算の例，ついでもう少しスケールが大きく外から見える活動とも関連付けながら検討できる「新しい街に引っ越してからその街の中の歩き方をどう学ぶか」という例，最後に「文章（を聞いた時そこで言われていること）の理解」の例を取り上げる。

1. 簡単な計算の認知過程

　まずは，比較的簡単な，10を掛けるという計算の例で見ていこう。たとえば10×10はいくつだろう。あなたならどうやって答えを出すだろう。この問題をはじめて解いた時のことを覚えているだろうか。最初に解いた時から一体何度この問題を解いただろう。その繰り返しの経験を通して，あなたはこの計算について何を学び，何が分かるようになったのか，少し考えてみよう。

（1）　心の中で起きる計算の認知過程

　まずひとつ確認しておきたいこととして，今あなたが「10掛ける10」と聞いた（読んだ）時，答えを出すまでの活動はおそらく心の中で起き

ただろう，ということがある。「活動していた気がしない」という人もいるかもしれない。しかし，よく考えてみれば，この問題が計算問題だということ，それも掛け算だということを理解して，実際答えを出した。その答えを思い浮かべて「声に出して答えて下さい」といわれれば，「音」にする準備までしていたかもしれない。これらはすべて心の中で起きる活動であり，認知過程である。人が何かを考えているとき，その人の心の中では何らかの認知過程が起きている。しかしその認知過程は，外からは見ることができない。

　こう読んでくると当たり前だと思うかもしれないが，教室で授業を始める前，膝に手を置いて静かに前を向いて今日の授業が始まるのを待っている（ように見える）ひとりひとりの子どもの心の中で認知過程が起きていることを，先生は，どこまで意識しているだろう。教育を心理学的に考えるということは，外から見える活動だけでなく，ひとりひとりの学習者の心の中でいつでも何らかの認知過程が起きていることを想定し，その内容や質について検討していくことに他ならない。ここではまずその認知過程が多様だということと，どのような認知過程が起きるかによって答えの出方や学び方，分かり方が変わってくることを確認しておこう。

（2）　計算の認知過程の多様性

　10×10の答えは，普通は100である。今，ある教室に4人の子どもがいて，先生が「10×10はいくつになる？」と聞いたところ，4人の子どもが全員「100」と答えた。そういう時，4人の心の中ではどんな認知過程が起きていたと考えたらよいだろう。そもそもこの4人の心の中で，同じような認知過程が起きていたと考えてよいものだろうか。そう思いたくなるかもしれないが，4人の心の中で起きていたことは，同じこと

だとは限らない．たとえば，ひとりはたまたま直前に教科書を見ていたところ，そこに「10×10＝100」という文字列があったので，それを思い出して「100」といった．もうひとりは，九九の表を頭の中で「12×12」までイメージできるほどしっかり覚えていたので，この問題を聞いた途端に頭の中に九九の表をイメージして，10×10の答えを探しにいったら，そこに「100」とあったので「100」と答えた．さらにもうひとりは「あ，掛けるんだから，10を10回足すんだな」と了解して，心の中で10＋10＝20，20＋10＝30と順番にやっていって，最後に90＋10までやってみたら「100」になったので，「100」と答えた．4人のうちの最後のひとりは，問題を聞いて10個の玉が10列に並んでいる様子を思い浮かべて，そこにある玉の数を10，20，30と数えていって，90，100と全部数えたところ「100」個あったので，「100」と答えた．少し考えただけでもこれだけあるのだから，現実にはもっと色々な認知過程があると考えておいた方がよさそうである．

(3) 計算の認知過程の変化

それでは，今度は，活動すると心の中で考えることが「変わる」ということについて，何がどのように変わるのか検討してみよう．

学ぶと見え方が変わってくる．その仕組みを説明していこう．見えるということは，そもそも見る人が何らかの枠組みを持っているということである．こういう枠組みを持っていることを「分かる」ということがある．枠組みはその中に入るものがあってはじめて成立する．たとえばわたしたちは，掛け算をするための，大きな数を扱う枠組みを持っている．そのため，10の10倍が100で100の10倍が1000で，100の100倍だと10000，と聞いても，特に不思議な感じはしない．ところが，掛け算を学び始めたばかりの小学校の2年生ぐらいだと，ここのところで，別の

枠組みを持っているので，別の見え方をしている場合がある。

「別の枠組み」とは何かを説明するために，実際にあった例で説明しよう。学校で先生が「100の100倍は10000になります」と説明したところ，「100の10倍が1000なのは分かるけれど，100の100倍が10000というのは，納得できない」といった子がいた。どうしてこうなったのだろうか。

よく聞いてみると，実はこの子は，お金という枠組みで数を捉えていた。おじいさんのうちに遊びにいくと，1000円ぐらいのおもちゃはよく買ってもらえたのだが，10000円のおもちゃとなると，クリスマスとか誕生日とか特別な時にしか買ってもらえない特別なものだった。だから彼の枠組みの中では，100とか1000とかいうのは普通の数，つまり100や1000ぐらいまでは自分が了解できる世界なので，100円が10個あれば1000円，というのは彼の枠組みの中で了解できる数だった。ところが，了解できるはずの100円を100個持ってくるだけで，どちらも彼にとっては日常的な数なのに，10000円という特別ものすごく大きな豪華なおもちゃが買える非日常的な数になるというのは，彼の枠組みの中では了解できなかったというわけだ。枠組みに当てはまらないと分からない，といえる。

小学校2年生の子にとって，100という数は抽象度の高い数ではなく，ずっと具体的な数であった。さらに，大きなお金というのは特別なものだったので，100円をいくらたくさん集めても，そんな急に特別なものにはなりそうになかったということだろう。枠組みというのは，このような心の中の存在である。何かが見えるようになるという心の中の活動は，どのような枠組みのもとに対象が捉えられるのかに依存し，その見え方も違ってくることになる。したがって，枠組みを作り変えていくことは学ぶことに当たる。

2. 街を移動する認知過程

　次に，少し話を進めて今度は学校の中での学習ではなくて，生活の中でいろいろな体験をしながら学んでいくという場合を取り上げよう。人が街で生活しながら，街についていろいろなことをだんだん学んでいくという場合を取り上げていこう。

　人が交差点を渡っているような状態を考えた時，人が渡っている様子のような「外」から見える活動は，前の計算で先生が10×10はと聞いた時子どもがみな100と答えるのに似ている。外から見るとみな同じことをしている。しかしその時，ひとりひとりの心の中では，外から見えるのとは違うことが起きていた。街の中を歩き回りながら学ぶという状況では，ひとりひとり行く先も違うし，やりたいことも違うので，心の中で起きていることはそれこそ十人十色，多様である。

（1）街を移動する認知過程の多様性

　ここまでは分かり易いが，街の中で動き回りながら街について学ぶというところは，さっきの計算の例よりも，かなり複雑な話になる。

　生活というと少しまとまりが大きすぎるので，生活を構成するさまざまな活動を具体的に問題にしていくことにしよう。また，生活の場として街を問題にするが，生活の場を環境というもう少し一般的なことばを使って説明することもしていこう。ここで説明したいのは，街という環境の中で，人が活動することで学んでいくという話である。活動が中心にあり，活動の中で学びが必然的に起きるというところが大事なところになる。

　活動というと，人が実際に動いているイメージが強いが，心の中も先ほどの数の例と同じように問題になる。街の中で学ぶ話でも，むしろ，

心の中の活動が大事になってくる。現実の世界の活動も結局は人の心の活動なしには成立しないからである。実は心の中にも環境があり，その中で活動が起こると捉えることができる。人の学習は活動の結果として，心の中の環境自体もその中身も変わっていくことだと捉えられる。上で取り上げた大きな数を捉える枠組みも心の中のさまざまな環境のひとつとして捉えることができる。

　さらに，人の活動を問題にする時，そこにさまざまな道具が使われて活動が成り立っているということも問題にしなければならない。以下で説明する街の中での移動の活動も道具なしには成り立たない。心の中の活動についてもこの点は同じである。心の中の環境にもさまざまな道具があり，その道具を使う活動がある。たとえば，心の中にある計算のシステムも心の活動のためのひとつの道具になっていると見ることができる。

　以下では人が街の中で活動することで，学習が同時に心の中で進んでいくことを説明しよう。比較的大きな都市に人が引っ越してきて，生活を始めたという状況を具体的に問題にしよう。街の中で生活していくためには，自宅から職場に交通機関を使って通勤するなど，目的の地点まで移動するという活動が必要になるが，この街の中での移動という活動を取り上げて考えていく。

　はじめての街では，右も左も分からない状況がある。移り住んで間もない頃だと，それまでに行ったことのない所に行くということがしばしば起こるが，そのような場合にまずどんなことが心の中で起こるのか，この活動を少し詳しく検討してみよう。

　はじめての所に行くとなるとずいぶんいろいろなことが起こると考えられる。まず，目的地への行き方を調べることになる。最近では，スマートフォンでアクセス情報などの案内があるので，そのようなものを

使って行き方を調べることもあるだろう。この場合は準備として，目的地に移動するという活動を行う前に，調べて行き方を計画するという活動を行っていることになる。こういうことを人が心の中だけでやっている時には外からはなかなか観察できない。しかし，人によって計画の作り方も色々ありそうだ。自分で街の地図を見ながら行き方を考える人もいれば，ウェブで得られた案内を頼りにして，それほど自分で調べないという人もいるだろう。前の算数の問題と同じで，目的地まで移動するための手段や道筋は無数にあるがその中でどれがよいかは必ずしも自明ではない。その問題を解決するために，人はいろいろ考えるし，その考えた結果も多様だということになる。目的地に移動するための準備の一環として計画を作るという問題解決の活動でも，調べたり，考えたりする結果，心の中には多様な認知過程が成立する。

（2） 街を移動する認知過程の変化

　こういった多様な認知過程が成立していく中で，人は効率よく活動できるようになる。これは学ぶことに当たる。その過程を詳しく説明すると，以下のようになる。人は目的地に向かう前に，どの移動手段を使うのかも検討して，事前の準備としてそれなりの見通しや計画を立てて，目的地に行けることを確認してから，実際に移動の活動を実行することになる。この時，その目的地に行くのがはじめてかどうかで準備の活動も実際の移動の活動自体も様子がずいぶん違ったものになる。特にその街に移り住んでからそれほど時間が経っていない時に，それまで行ったことのない新しい目的地に行く時には，それなりの準備が必要になる。たとえば，街の地図を見ながら，どの路線の電車を使うのか，乗り換えで降りる駅はどこか，そこからどの電車に乗るのか，降りる駅はどこか，その駅からどのような道を通って目的の場所まで行くのか，その時はバ

スか,歩くかなどを調べて,その結果を,メモとして準備しておくということをするかもしれない。そうすると,実際に移動する時には,そのメモを見ながら,駅の中の案内を探し,それとメモなどと照らし合わせながら,乗るべき電車のホームまでどちらの方向に向かえばよいかを見つける。そこまで行くには,準備したメモに書かなかったような細かいことも現実にはしなければならなくなる。たとえば,案内自体がどこにあるのかはその場に行かないと分からない。実際,案内が案内を必要とする人のために注意深く設置されていないと,それを探すこと自体が難しい活動になる。次に同じ目的地に行く時は最初の時に比べればだいぶ楽になる。メモがなくても正しい方向に進める場合も多くなるだろう。さらに,それが同じ目的地に何度も行ったことがあるということになってくると準備をまったくしなくても,その目的地に行けるようにもなる。

　どうしてこういう変化が起きるかというと,同じ活動を何度も体験することで,移動の仕方を学んでいくことになるからである。移動の途中に体験する情景が,「表象」として心の中に蓄積されていくことで,街のモデルが次第に作り上げられていくということが起こるからである。さまざまな「表象」によって世界のモデルが心の中に作り上げられ,その世界のモデルが,今度は人の活動を導くことになる。街に慣れてくると,いつも行く所へ行くのならその表象が移動の要所要所で思い起こされて,適切な方向への移動を導くようになっているのでもう準備は要らないことになる。ここで成立する認知過程は駅の案内をおもな手がかりにして移動していた最初の時の認知過程とはずいぶん異なるものになっている。

　新しい街にきてまだあまり時間が経っていない,ということであれば,人が持っている知識は特定の場所に行く体験から得られた知識なので,その決まった特定の場所に行く時には十分役に立つが,それは「特定の

問題の解決に結びついた知識」でしかない。だから，そうではない場所，いつもの駅ではない別の行ったことのない新しい駅に行く時には直接には役に立たない。別の新しい場所に行くのにそれなりにさっさと行けるようになるには，最初はやはり地図などの情報を頼りに実際に行ってみて，そこで体験を積むことが必要になる。一方，そうすることで，少しずつ街の中で行ける場所も増えていくということになる。体験することで，表象が心の中に蓄積され，街のモデルも豊かになっていく。

　街に長く住み続けて，色々な場所に行く経験を十分に積んでいけば，そのうちに，まったく新しい場所に行くのにもそれほど苦労しなくなるということがある。つまり，特定の場所に行くという体験もそこに行くのに役立つだけでなく，色々な場所に行くという体験を積み重ねることで，まったく新しい場所に行くためにも役立つものになっていく。こういうことは，すべて，人が心の中に自分で働きかけて，自分で作り変えていくことができる心の中の世界のモデル，表象を持っているからできることである。

　表象の変化は，意識的に引き起こそうとして起きるものもあるし，実は活動しているうちにその活動に引きずられて必然的に起きてしまう，というようなものもある。活動が表象の変化を誘発するなどの働きかけ合いや，双方向のインタラクションがおもしろい。体験の積み重ねで得られたモデルがどのようなものか明示的に表すことが難しいので，その実態がどのようなものかなかなかイメージしにくいが，蓄積された表象の集まりそのものがモデルとして役に立っているという見方もできる。

(3)　街について「分かる」ということ

　長く街に住み続けていると街そのものに単に慣れてくるということだけではなく，街の「モデル」つまり「模型」のようなものを自分の頭の

中で動かしたりしてみて，あっちに行ったらどうなるかな，など試してみたりもできる。そうなると，実際に街を歩くという体験と，そういう体験に支えられて頭の中で世界を動かしてみることで色々な活動を続けていれば，たくさんのことを学ぶことができる，ということになる。

体験を重ねると，知らず知らずのうちに，街を移動するために，街が見える「枠組み」ができるというようにも説明できる。この枠組みは街を移動するのにすぐに役立つ，いわば自分の経験から組み立てた枠組みなので，そこでは街の情報が何でもあるというようなものではないのだが，長い間には，色々な情報が重ね合わされ，どこにどのような施設があるのかなど，ある程度は全体を俯瞰して「見える」枠組みにもなっていくというようなこともある。このような状態は街について分かっていると呼んでもいいだろう。

このように表象には，全体的な構造もあるし，部品になるような小さなかたまりもある。どちらも作り変えられるし，また組み合わせ方も変えられる。よく使う中心的な部分はしっかりした構造をしているのに対して，周辺部分はいろいろ小さな構造が組み合わさったり離れたりしてしょっちゅう形を変えているかもしれない。枠組みが出来上がるとか，出来上がった枠組みがさらに変化して，街全体の見え方が変わるというようなことが学びであり，その学びが繰り返し起きることで表象が複雑になり，さらに適用範囲の広い「分かり方」が導き出されてもくるだろう。

3. 文章の理解

次にもう少し複雑で外からは見え難い問題で，そのような問題を解く時に，心の中でどんな変化が起きるのかを考えていくことにしよう。リンダ問題（Kahneman, 2011）という問題を取り上げて検討する。以下が

その問題である。いったん読むのを止めて，あなたならどう解くか，やってみてほしい。

<リンダ問題＞
　リンダは31才で，独身，活発で，とても賢い人です。
　彼女は大学で哲学を専攻しました。学生の時には，差別や社会正義に強い関心を持ち，原子力反対のデモに参加しました。

　　次の２つの選択肢のうち，どちらの答えがよくありそうか，ありそうな方を選んで下さい。

　１．リンダは銀行の窓口係である。
　２．リンダは銀行の窓口係であり，かつ女性運動に積極的に関わっている。

これは有名な問題なので，これまでに聞いたことがある人がいるかもしれない。この問題，みなさんの中にも２．の方，つまり「リンダは銀行の窓口係であり，かつ女性運動に積極的に関わっている」という長い説明の方がありそうだと思う人も多いのではないだろうか。もう一方で，これは絶対１．だよ，という見方もできる。なぜなら，２．のように色々細かい説明がついている方がケースとしては特殊だからでしょ，と考える人もいるだろう。
　この後の方の，１．の短い方がよくありそうだという見方が成り立つのは，「論理的」に問題を捉えると，「銀行の窓口係」の人の割合の方が「銀行の窓口係でかつ女性運動に積極的に関わっている人」の割合より多くなるという主張が根拠になるからである。２．の方が，「銀行の窓口

係」であるのに加えて,「女性運動に積極的に関わっている」という限定が加わるのでその数も限定され,結果として前者の単に「銀行の窓口係」である人の方が割合が多くなる。言い換えれば後者はいつでも前者の部分集合だということになり,銀行の窓口係であることの方が論理的にいってもありそうだ,ということになるのである。

実際,この問題を作った出題者のひとりのダニエル・カーネマン（Daniel Kahneman）もこちらが正解であるとしている。

さてこの問題について「論理的な思考をする人」が何を正解だと考えるかが分かったところで,ここでは心の中でどういう変化が起きるか,ということを問題にしよう。教育心理学にとっては,どちらが正解かではなく,人によって解釈に違いがあることが大事な点である。その違いを問題にしてみよう。

（1） 枠組みの多様が解釈の違いを生む

1.を選択するか2.を選択するかは,問題の解釈の「枠組みの違い」にあると捉えることができる。「枠組みの違い」という言い方はこれまでにも出てきた。100円や1000円は大丈夫でも,その100円を100個集めるだけで10000円という枠組みの違う世界の話になるのは納得できない,という子どもの話を紹介したが,そこでの違いを説明するのに使ったのが「日常的に接しているお金の世界」と「たまにしか経験できない特別な状況の世界」という枠組みの違いによる説明である。日常的な枠組みで起きることは了解できても,特別な世界でしか起きないことは「日常的な枠組みとは違うはずなので」了解できない,というわけである。それと同じように,このリンダ問題で1.だと思う人と2.だと思う人が両方出てきてしまうのは,それぞれ持っている枠組みが違うからであると考えることができる。1.を選択するのを論理的だと思った人は,可能

性の集合の方に着目したので，集合という枠組みを使った論理的な解釈が自然になったのであろう。2. を選んだ人の方はむしろ，リンダを特定の人だとして，それが「日常的に普通に生活している人」という枠組みの中でなら一体どんな人だろうと考えたのであろう。そうすると，まずすでに窓口係であることが分かっているのだから，次に，女性運動に積極的に関わっているかどうかが問題になると解釈して，女性運動をしている可能性とそうでない可能性のどちらが多いかを比較するということをしたのだろう。こう解釈する方が話しの流れ，文脈からいって自然だという考え方もある。リンダ問題が示しているのは，普通の大人でも論理的に考えることができないというような議論ではなく，人は問題を解く時に特定の枠組みを使って解く積極的な存在であり，リンダ問題はたまたま人から色々な枠組みを引き出す特種な問題だったということ，加えて人というものは，自分がいったん1つの枠組みを採用してしまうと，他の枠組みを理解するのは難しいということを如実に表しているだろう。

(2) 枠組みの違いによる分かることと学ぶこと

　教育を考える場合，先生と生徒とがそれぞれ違う枠組みを使おうとすることは，実際互いの認知過程が見えないだけに，わたしたちが普段意識している以上によく起きるのではないか。そういう時，先生が生徒の「分かりが悪い」と感じる原因のひとつは，本当に生徒の出来が悪いということではなく，単に目の前の問題を解こうとする時に自然に持ち込む「枠組み」が違っていることであるかもしれない。認知過程について考えることがわたしたちに教えてくれるのは，もし教室でこういうことが起きているとすると，両者の間で理解し合うのは相当難しいということである。先生の仕事は，「自分の分かっていることを，無意識のうち

に自分が使っている枠組みが最も自然な枠組みだと考えて，その枠組みのうえで，できるだけ分かり易い説明をすること」ではなく，むしろ生徒はどういう枠組みを自然なものだと考えているかを探ることだろう。探るには，彼らの「答え」ではなく，答えに至る考え方を話してもらうのが比較的手っ取り早い。クラスの中に少人数のグループを作り，自分たちの考え方を説明しながら何が答えになり得るかを話し合ってもらうと，この種のデータが集まってくる。教育心理学はこういう手法があることと，そこで集まってくるデータの使い方を教えてくれる。

枠組みが違うと全然違う答えが出てきてしまう，という話をもう1つ挙げておこう。ルリアという学者が，ソビエト連邦の時代に，教育の成果に関連した調査結果の一部として発表したものだが，学校に行ったことのある農民と，行ったことのない農民では三段論法など論理的な考え方ができるかどうかが違った，という調査の結果を報告している（Luria, 1971；コール・スクリブナー，1982 に解説がある）。

ルリアたち調査者が学校に行ったことのない農民に，次のような質問をした。「1年中雪がある北の方では熊は白い色をしている。Xという街は北の方にある。では，その街にいる熊は白いだろうか」

この質問に対して，集団農場などで教育を受けた若者は，「その熊は白い」など，大人なら普通にしそうな推論の結果を返答するが，教育を受けていない農民は別の返答をした。農民は次のように答えたという。

「その熊が何色かなんて，わしにどうして分かるというんだね。その熊を見たのはあんたの友だちだろう？ その友だちに聞いてごらん」

この回答を見て，あなたはどう感じるだろう。この農民は「頭が悪い」のか。それとも，こういう問題に答えるのに普通の大人とは違う

「枠組み」を使っているということはないだろうか。

　教育を受けていない農民の答えは，教育を受けた若者に比べて，現実的な返答になっている。「自分でやってみたこともないことが，分かるはずがないじゃないか」というわけである。現実に即して考えれば，しっかりした理由，根拠づきの回答である。

　ルリアたちは同じ農民に次のような質問もしている。

　「綿花は高温多湿な場所で育つ。この村は高温多湿である。では綿花はこの村で育つだろうか，それとも育たないだろうか」

　これに対して農民は次のように答えたという。「ま，そういうことなのだよ。わしはこの身で知っているのじゃよ」

　彼らの答えがこのように2つの問いに対して極端に違うのは，彼らがそれぞれの問いに答える時，まったく異なる枠組みを使っているからかもしれない。それらはそれぞれどのような枠組みだと考えられるだろう。ひとつはっきりしているのは，教育を受けていない農民が，現実に自分自身で見聞きしていないことに対して「まったく何も考えられない」のではなく，しっかり考えたうえで回答している可能性が高い，ということだろう。そう考えた方が2つの回答が違うことへのつじつまが合う。彼らは，自分が経験したことを大事にしており，その範囲で世界のモデルを作りそれがどこまで適用可能かも分かっており，何か聞かれた時には自分の体験しか根拠となる「枠組み」として信用しない，ということだろう。ルリアやルリアに学んだコールらは，こういう考え方から文化について鋭い考察をしている。そういう知見も，わたしたちがわたしたちとは「枠組み」の違う人たちを教育対象として考える時，教育心理学にとって大切な知見を多く与えてくれる。

学校で生徒が問題に答える時，彼らの答えの裏には，認知過程がある。それは，ひとりひとり，みな違うくらい，多様である。そして，その認知過程そのものも表象も，経験を積んでいくことによって少しずつ変わっていく。それが，学び，ということになる。学びの過程でわたしたちは何度も「考える」という活動をして枠組みを作り直し，その結果「分かった」ことを使ってまた活動し，世界のモデルを豊かなものにしていく。そういう意味で人は，学び続ける存在なのだといえるだろう。

引用文献

Cole, M., & Scribner, S. (1974) *Culture and Thought*, John Wiley & Sons. (コール・スクリブナー，若井邦夫訳 (1982)『文化と思考』サイエンス社)

Kahnemann, D. (2011) *Thinking, Fast and Slow*, Farrar, Straus and Giroux.

Luria, A. R. (1971) Towards the problem of the historical nature of psychological processes. *International Journal of Psychology, 6*, pp.259-272.

3 　人が自然に学ぶ仕組み

三宅なほみ・三宅　芳雄

　第2章で解説したことを元に考えると，わたしたちは普段生活している中でいつも新しい「問題」に遭遇し，その問題を解きながら新しいことを学んでいる。そういう意味では，人は自然に学ぶ仕組みを持っていて驚くほど「賢い」。ところが，あることを学んでいるから，それはそういうものだと思い込んでしまって，かえってそれに足をすくわれることもある。案外，賢くない面も持っている。そんな例をいくつか見ながら，それらの例が示唆することをまとめて，「人の賢さ」とはどのようなものかを考えるところから入っていこう。

　人は，学び続ける性質を持っている。今は特に社会がそれをこれまで以上に要求する時代でもある。この学び続ける性質をうまく活用できれば，人はこれまで以上に賢くなれる可能性もある。この章では，いったんこれまでの認知研究に立ち戻って，人の認知過程の特徴を整理して，そのうえで人がどのようにして学び続けられるのか，その性質をこれまで以上に活発にするにはどうしたらいいかを考えるヒントにしてみよう。
　わたしたちはずいぶんいろいろなことを「知っている」。あまりにもたくさんのことを知っているので，「ひとつひとついってみて下さい」といわれても，大抵の人はそもそも何をいったらいいのかすら分からないだろう。ひとつ，試してみよう。

TAE　CAT

図3-1　何と読みますか

図3−1を見てほしい。何が書いてあるだろう。

英語を数年やってきた人であれば普通，図3−1を「THE CAT」と「読む」。ところが，図3−2に示すように，それぞれの単語の真ん中の文字は同じ形をしていて，それだけ取り出すとどちらがHでどちらがAなのかは分からない。けれど，図1を見直してみれば，やっぱり「THE CAT」としか読めないのではないか。

図3-2　THE CATの　H　とA

わたしたちはなぜ図3−1を THE CAT と読めてしまうのだろう。その理由は，わたしたちがいろいろすでに知っていることを使って「期待を持って読む」からだと考えられる。わたしたちは，英語の文字や単語を知っているだけでなく，「名詞の前には冠詞がくる」というようなことまで知っていて，そういう知識を総動員して読んでいる。言い換えれば，読むという行為は，「紙の上のインクの陰影を文字として認識し，それらを組み合わせて単語として認識し，単語の組み合わせとして語句として理解する」というボトムアップな処理＜だけ＞から成り立っているのではなく，ぱっと見た印象から知っていることを呼び出して「こう読むのだろう」という期待を作り，その期待通りに「読めるかどうか」を確かめにいくトップダウンな処理も同時に行っていて，それらが相互に相手を支えるインタラクティブなものだからだ，と考えられる。

経験してたくさんのことを知っていることそのものは，わたしたちのものの考え方を制限もする。「ひらがなの＜あ＞を一筆で書いて下さい」と頼むと，大学生でも結構時間がかかる。書けない，とさっさと諦める者もいる。図3−3は，ひとつの試みなのだけれど，どうだろう（著者

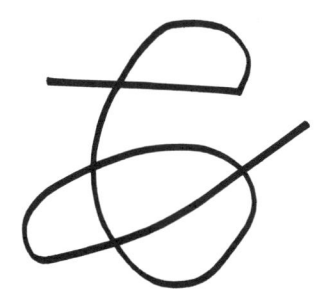

図3-3 「あ」の一筆書き

の1人がかなり小さい頃，自分で思いついたものである)。あなたは，どんな書き方を思いつかれただろうか？　考えている最中に「いつもの筆順」や「形」がじゃまになったとすると，それは「知りすぎている（こういうものだと思い込んでいる)」ことによる制限だといえるだろう。

　文字を読む，という単純な認知的な働きであっても，その中にはわたしたちが自分自身でいろいろ経験して積み上げてきた「個人的な経験に基づく，個人的なひとりひとりの知識やものの考え方」がある。それは，わたしたちが読んだり，書いたり，考えたりする時にある種の「期待」を作り出し，わたしたちの認知過程を導いてくれる。同時にその期待が強くて「こうしかならないはず」という制限として働くこともある。この章では，人が持つ個人的な知識や考え方がどのような支援や制限を受けているか，またその中で特に制限の部分を「はずす」ために，人との対話が役に立つことを解説する。

1．人は，自分なりの考え，知識を持っている

(1)　経験から学ぶ仕組み—曜日計算

　人は，何度も同じことをやっていると，だんだんうまくなる。本人は

「同じ」だと思っていても実際には少しずつ違った経験を積み重ねている。そういう時，人は，少しずつ違ったたくさんの経験のひとつひとつを覚えているのではなく，それらに共通して利用可能な部分を抽象化して，他の似たような課題にも使える知識を作り上げる。そのようにして作り上げられた知識を認知科学の用語で「スキーマ（schema）」という。スキーマを作ることは，学習のひとつの形である。

　人が問題を解く時にどんな知識を使っているのか，また，問題を解きながらどんなスキーマを作るものなのかを紹介するために，以下の問題を考えてみよう（リンゼイ，ノーマン，1977）。

　　曜日計算：火曜日＋水曜日＝金曜日　という式が成り立つ時，
　　　　　　　月曜日＋木曜日　の答えは何か？

　こんな問題は見たことがない，という方にとって，これを解こうとすることは「新規な問題解決経験」である。初めはなんのことだか分からないかもしれないが，しばらく考えているうちに，月曜を1として曜日に順番に番号を振り，その番号を数値として扱って普通の計算をし，出てきた答えの数値をまた番号に見立ててその番号に当たる曜日を答えとしていることに気づくだろう。月曜を1とすれば火曜は2，水曜は3だから，火曜日＋水曜日は2＋3で答えは5である。そうすると答えは5番目の曜日ということで，たしかに金曜日になっている。同じ理屈を使うと，月曜日＋木曜日は1＋4＝5で，答えは同じく金曜日になる。こんなふうに人は，初めての問題を解く時には，それまでに知っている知識をあれこれ使って，その場のつじつまが合う説明を見つけて問題を解く。

表3-1　曜日計算

月曜＋水曜＝	水曜＋木曜＝	土曜＋月曜＝
火曜＋火曜＝	金曜＋月曜＝	水曜＋日曜＝
月曜＋火曜＝	水曜＋日曜＝	火曜＋木曜＝
金曜＋水曜＝	水曜＋月曜＝	水曜＋日曜＝
日曜＋水曜＝	月曜＋火曜＝	木曜＋土曜＝
金曜＋水曜＝	土曜＋月曜＝	木曜＋月曜＝
金曜＋日曜＝	火曜＋水曜＝	木曜＋火曜＝
月曜＋土曜＝	金曜＋金曜＝	日曜＋金曜＝
金曜＋月曜＝	月曜＋火曜＝	土曜＋日曜＝
水曜＋火曜＝	水曜＋火曜＝	水曜＋土曜＝
火曜＋木曜＝	木曜＋木曜＝	月曜＋木曜＝
金曜＋水曜＝	水曜＋金曜＝	火曜＋木曜＝
日曜＋火曜＝	水曜＋火曜＝	土曜＋土曜＝
金曜＋水曜＝	月曜＋月曜＝	木曜＋土曜＝
月曜＋土曜＝	金曜＋火曜＝	土曜＋日曜＝
水曜＋木曜＝	日曜＋月曜＝	日曜＋木曜＝
木曜＋月曜＝	火曜＋水曜＝	火曜＋日曜＝
金曜＋木曜＝	水曜＋金曜＝	土曜＋木曜＝
土曜＋水曜＝	金曜＋月曜＝	土曜＋金曜＝
日曜＋日曜＝	木曜＋月曜＝	土曜＋月曜＝
土曜＋月曜＝	月曜＋日曜＝	金曜＋火曜＝
火曜＋日曜＝	月曜＋水曜＝	火曜＋火曜＝
水曜＋土曜＝	木曜＋水曜＝	木曜＋金曜＝
日曜＋日曜＝	金曜＋月曜＝	木曜＋火曜＝

　さて，同じような問題を何十題も解くことになったら，あなたならどうするだろう。表3-1に問題を72題挙げておいたので，実際解いてみて頂きたい。

　解いている最中にあなたはどんな工夫をしただろうか。実際大学生などにやってもらうと，初めは1題ずつ順番に解いていくが，そのうち

「日曜日を足す時には足される曜日そのものが答えになる」「月曜を足すなら足される曜日の次の曜日が答えになる」などの規則を見つけ，それを適応するようになる。こういう知識はいったんできると後の処理が格段に速くなる。さらに，「＋月曜が次の曜日なら，＋火曜は次の次の曜日」であることに気づくなど，規則があるとそこからまた別の規則が生まれやすくなる。

　こういう「規則」はどこから生まれてくるのだろう。表3－1の72問を見てみると分かるように，「同じ」曜日計算をやっているといっても，すべてが同じ問題ではない。少しずつ異なった問題を繰り返し解くうちに，人は，それらの中から共通するもの（たとえば「＋日曜日」）を抜き出し，その答えに共通するパターン（たとえば「A＋日曜日＝A」）を取り出して，規則として抽象化している。

　さて，曜日計算に強くなったら，次にもう1題，問題をやってみて頂きたい。

　　　m＋b＝

　この答えはなんだろう。ぜひ読むのを止めて，答えを出してみてほしい。あなたはどうやってこの問題に答えるだろう。

　こちらが期待している答えは英文字の"o"である。先の曜日計算をたくさん解いた経験のある大学生を相手に実験してみると，大体3人に1人が，直接「＋bならmの次の次の文字」という方略を使ってこの問題を解く。こういう人たちは，mがアルファベットで何文字目に当たるかをaから数え直したりしない。曜日計算を繰り返し経験して作った「火曜日を足すなら次の次の曜日」という解き方を直接適用して，「＋bならmの次の次の文字」という解き方を作り出して（思いついて）し

まう。つまり、曜日計算については計算練習をやっただけなのだが、それを何度も解いているうちに、今までまったく見たことはなくても、似た問題に適用できるような一般的な形の知識が作り上げられていた可能性があるといえる。この「より適用範囲の広い」知識がスキーマと呼ばれるものである。曜日計算を繰り返し解く経験しかしていなくても、そこからできるスキーマは曜日計算の世界だけに閉じ込められてはいない。人は、似たような問題を繰り返し解く経験を自分で整理しながら、こういう「他のことにも使える」知識を、なかば無意識的に蓄積し、少しずつ新しい問題が解けるようになっていく。

　曜日計算をたくさん解くための方略は、規則を作ることだけではない。途中ですべての曜日を組み合わせた答えの表を作り、後はそれを見て解く人もいる。これはこれで、作るのは多少手間がかかるが一度作ってしまえば後は表を見るだけで、二度と計算しなくてよいという大きなメリットがある。知識の「外化（externalization）」という。このような「表」作りや先ほどの「公式」化は、わたしたちがどこか他の問題解決場面で経験した「うまい知識のまとめ方」の応用であるかもしれない。「うまいまとめ方」は、似ているけれども少し違う問題をまた解かなくてはならなくなると、基本的にはどんどんその適用範囲を広げていく。広がれば、その「まとめ方（ことばや公式による表現の仕方）」も変わってくる。こうして、人は、その基本的な性質として、「学び続ける」ものなのだ、ともいえるだろう。

（2）　学んだことによる制約（支援と制限）

　冷静に考えてみると、わたしたちは、自分たちが何を「知っていて」、どこまで「分かっている」のかを、案外知らない。「ヘリコプターは、どうやって飛んでいるか知っていますか」と聞かれると、大抵の人が

「プロペラが回るから」などと一応答える。その程度には知っている。でも，そこで続けて「では，プロペラが回る時，ヘリコプター自体が回ってしまわないのはどうしてですか」と聞かれると，聞かれてはじめて自分が知らなかったことに気づく人が多いという。人は，自分なりになんとなく納得できる答えがあって，それを知っているような気がしているが，実はその「分かり方」は案外あやうい (Rozenblit & Keil, 2002)。ヘリコプターだけでなく，ミシンの縫える仕組みや洋服のファスナーが閉まる仕組みですらも，アメリカの有名大学の学生に聞いてみると，みんなはじめは自分がちゃんと説明できると思い込んでいるのだが，ちょっと突っ込んで聞かれるとすぐ説明できなくなって，自分で自分のできなさに驚くのだそうである。「説明の深さ幻想」と呼ばれることもある。

この幻想に関係して，人はもうひとつおもしろい認知的な傾向を持っている。やはりアメリカの研究にこんな例がある。大学生に「ミシシッピ河本流の長さはどのくらいですか。この問いに正確に答えられるアメリカの大学生はどのくらいいると思いますか」と聞くと，正確な数値を答えられる学生の数は多くはなく，大体みんなも知らないだろうと答える。ところが，問い方を少し変えて「ミシシッピ河の長さは3,779kmです。この長さを正確に答えられるアメリカの大学生はどのくらいいると思いますか」と聞くと，大抵の大学生ならこのくらいのことは知っているだろうと感じる学生の数がずっと多くなるのだそうだ。2つの問い方の違いは，答えをその場で与えたかどうかである。人は，自分が答えを知っていれば，それが自分が本当に確かめたことがあって前から正しいと知っていた答えではなくても，他の人もそのくらいのことは知っていると思ってしまう。

これは誰にでも当てはまり，たとえば新技術を開発している人でもそ

うだという。技術開発をしている人が「自分たちにはこの機械をどう使えば使いこなせるか分かっているから，技術開発なんぞはしないお客さん，一般ユーザの方たち，ひいては初心者さんでも，そのくらいのことは分かるだろう」と思ってしまいがちなのだ。これもちゃんと実証した実験があって，そういう開発者の人たちに，「でも，初めてこれを使う人はこんな人たちですよ」とかなり丁寧にイメージ喚起しても，「その人たちも，結局自分たちが分かっていることは大体分かっているだろう」という期待，あえて呼ぶなら「（わたしは分かっているのだから）あなたも分かってよ」と期待することをあきらめないのだそうである。学校の先生がすでに済んだ授業で説明したことは児童生徒はみんな覚えているだろうと思ってしまう，という話があるが，その根源は，人が普遍的に持つこのような認知的バイアスであるのかもしれない。

（3） 正しいと思ったことを確認しようとする傾向—確証バイアス

　人が自分の分かり方を知らないという以上に，人は自分がどのように「考えているか」にアクセスできない，という証拠はいろいろ挙げられている。有名なもののひとつとして，人は，自分自身の仮説を支持する証拠だけを探そうとして，仮説が間違っているかどうかをわざわざ確かめようとはしない，というものがある。確証バイアス（自分の考え方の確証をとる方向にバイアスがかかっている）と呼ばれる。

　このことを示す例として，次のような実験がある。実験に参加した人は，2－4－6という3つの数字のつながりを提示され，「この3つの数字はある規則に従って並んでいます。その規則を見つけて下さい」と教示される。どうやるかというと，まず参加者は自分で3つの数字のつながりを作り出し，実験者に告げる。と，そのたびに実験者は，そのつながりが実験者の考えている規則に合っているかどうかを教えてくれる。

これを何回か繰り返して参加者が規則を見つけたと思ったら，参加者はその規則を答える。規則が合っていれば，参加者の勝ちである。

　この実験で実験者が「3つの数字は，単に小さいものから大きいものへ，順に並んでいる」という，きわめて簡単な規則を持っていたとしよう。この時，どんなことが起きるかを少しだけ再現してみると，

　参加者：(「好きな数で始めて，2ずつ足す」という規則を考える)
　　　　　「8－10－12」
　実験者：「その数の並びは，わたしの考える規則に合っています」
　参加者：(うれしくなって)「じゃ，14－16－18」
　実験者：「その数の並びは，わたしの考える規則に合っています」
　参加者：(もっとうれしくなったので，少し慎重に)「じゃ，ああ，
　　　　　1－3－5は？」
　実験者：「その数の並びは，わたしの考える規則に合っています」
　参加者：「分かったわ！　あなたの規則は，『好きな数に2ずつ足す』
　　　　　のでしょ！」
　実験者：「いいえ」
　参加者：「なんで？　え，なんで違うの？　うそでしょ，いじわる！」

　この後，こんなやりとりが，延々と続く。この実験の参加者は誰でも，それほど苦労せずに1つや2つの規則を思いつくことができる。しかし，いったん自分なりの仮説を作るとほぼ必ず，この例のように，その仮説に従って出来上がる数のつながりを作って仮説を確かめようとする。疑り深く，「じゃあ，わたしの仮説には合わないのですけれど，1－2－3ってことはない，でしょうね？」と一度確かめさえすれば，「それも合っています」といわれるので自分の誤りにすぐ気づくはずなのだが，そういう確かめ方をする人はほとんどいない。

　この傾向は，科学者の世界でもしょっちゅう起きている。ガリレオが

地動説を説明するために望遠鏡で木星を捕らえて，反対派の人たちに木星の周りを星が回っていることを見て確認するよう求めた時，天動説を信奉する反対派の幾人かは，そもそも望遠鏡をのぞいてみることそのものを拒否したという。何が正しいのかを決めようとする時，仮説を支持することよりも仮説を反証することが一般に役に立つことが分かっていても，人はなかなか自分の仮説を自分で否定するような考え方をしたがらない。

2. 自分なりの考え，知識は見直すのが難しい

　自分が何を知っているかについて考えたり，自分がどのようにして自分の知識を作り出したり，確認したりしているかについて見直したりする過程を一般にメタ認知と呼ぶ。メタ認知を活性化するとそれは「学び方の学び」につながる可能性が高いので，学習においても大事な過程だと思われている。ところが，これまで見てきたように，この過程は誰でも引き起こせるにもかかわらず，うまく引き起こすのが難しい過程でもある。なぜメタ認知は難しいのだろう。

　そのひとつの理由として，問題を解いたり，ものを考えたりする過程そのものが実は一般に考えられているよりもっとずっと複雑な過程で，人はそもそも自分がどうやって問題を解いたか，というその（メタではない）過程に十分意識を払ったり，覚えていたりすることができないのではないか，という仮説がある。これがどれほど正当か，ひとつの研究例を見てみよう（Meier, 1931）。

　この実験に参加すると，図3−4にあるような部屋の中で「天井から2本の紐が下がっています。片方を持って手を伸ばしても，もう1本には届きません。この2本の紐を結びつける方法を考えて下さい」という問題を出される。床には，椅子やベンチ，電源コード，紙，釘などいろ

図3-4 2本の紐 問題
(J. R. Anderson, *Cognitive Psychology and its implications*, 1980, Freeman より作成)

いろなものが置いてある。あなたなら，どんな解を思いつくだろうか。「椅子に乗ってみたら？ 2本に手が届くんじゃない？」とか，「電源コードがあるなら，それを片方の紐に結びつけて長くすればよさそう」などの解を思いついて実験者に伝えると，「ああ，解けましたね，では，他の解き方はないでしょうか？」とたたみかけられてしまう。この「別の解」を思いつくのはかなり難しくて，5分で解ける人は少ないという。

5分ほどたったところで，実験者がヒントを出す。ヒントといっても，実験者が何気ないふりで部屋の中を歩き回り，偶然そうなったかのように肩で片方の紐を揺らしてみせる。さて，あなたがこの部屋にいて，実験者が動き回っているうちに偶然紐が揺れているのを目にしたとしたら，それはヒントになるだろうか。まだ答えが出ていない方は，ぜひ1分ほど考えてみてほしい。

実際には，このヒントが出された後，ほとんどの人が，1分以内にこの問題を解くことができた，と報告されている。どんな解き方をしたかというと，片方の紐を大きく揺らしておいて，もう一方の紐の端を持って立っており，揺らした方の紐が揺れてこちらに寄ってきたところを捕まえる。紐が大きく安定して揺れるように，揺らしたい紐にペンチを重りとして結びつけるなどする人が多かった。あなたの答えと同じだったろうか。

　さて，奇妙なのはこの後で，人は，このような解き方をしたことそのものを「説明できない」という。上のような解き方をした人に，「どうやって答えを見つけましたか」と聞いても，「答えはそれしかありませんからね」とか「ぱっと思いついたんです」などの答えが普通で，紐が揺れたことには言及しない。なかには「ターザンが川を渡っているところを想像したら，突然答えがひらめいたのです」と答えた人すらいた。ところが，「紐が揺れるのを見て，揺らせばいいんだと分かりました」とか「あなたが，ほら，紐を揺らしたじゃないですか，あれを見て紐を揺らす方法を考えればいいんだと思ったんですよ」など，実験者の仕掛けたヒントに言及する人はほとんどいなかった。

　どうしてこんなことになっているのか，よく分からないところもあるが，次のようなことが考えられる。人はものごとを判断したり，問題を解いたりしているとき，たくさんの知識を使ってさまざまなことを同時にやっているので，その途中のプロセスをうまく意識することができない。したがって，「どうやってやったのか」とその途中経過を聞かれても，ほんとうに自分がたどった過程の逐一を順序立てて語ることができない。では，なぜ突然ターザンを思いついたなどの説明が（あたかもほんとうに思いついたかのように）出てくるのかというと，人はみな「人間とはこういうふうに考えたり問題を解いたりするものなのではない

か」という典型例，モデルを持っていて，それを答えることならできる，ということであるらしい。ターザンの例を持ち出した人は，心理学者だったという。この人はどこかで「人間は類推によって問題を解く」というモデルを持っていたのかもしれない。

　考えてみると，上で説明したメタ認知がうまく効かない，自分の認知過程の途中経過をうまく話せないという事態は，学習や教育を考える立場からするとあまりよろこばしいことではない。難しい問題を解けた人に聞いてもほんとうの過程は分からないということなのだとすると，人から解き方を聞いて研究したり，他人から解き方を説明してもらって学んだりということがうまくできない（人に，解けたばかりの問題の解き方を説明させられても，そこからうまく学べない，という現象に近いものがあるだろう）。あるいは，自分で今解いたやり方を振り返ってみて，もっとうまく解ける方法を考えることもやりにくい。けれども，実はこの困った事態を解消する簡単な方法がある。2, 3人で相談しながら問題を解くと，解いている途中で自分たちの考えていることをそれぞれ話したくなるものである。その時々の途中経過が報告できる。こうやっていろいろ話し合った会話などを記録にとっておくと，そこには「問題を解く途中で考えたさまざまな視点」や「途中でどれくらい回り道をしたか」など，経緯が見えてくる。その経緯そのものを吟味して，問題の解き方のエッセンスを抜き出すということもできる。人が2人，3人と集まって同じ問題を考えるのは，うまい仲間がいれば結構楽しい。こういう「協調過程の楽しさ」は案外，他では知ることのできにくい自分自身のもののやり方に触れることができるからかもしれない。

　この可能性については今後第6章，第12章などで詳しく扱っていく。

かなり駆け足で人が自然に学ぶ仕組み，その仕組みによって人が身に付ける「人の賢さ」の実際の姿を見てきた。これらの中に，私たちが教育を考える時，「使える」あるいは「頼りにできる」賢さが潜んでいる可能性がある。たとえば，人は自分の考えが正しいことを示そうとする「確証バイアス」を引き起こし易いことを学校で体験できるようにして，問題を解く時ちょっと意識するような仕掛けを作れば，将来そういうことに慣れた子どもたちが科学者になった時，科学の進展に役に立つかもしれない。もっと直接的に，教室の中で子どもたち同士対話しながら問題を解く機会を多くすれば，それが学校での学びの質を変えるかもしれない。この授業の後半では実際に対話を活動の中心に据えた授業作りについても検討していく。

引用文献

リンゼイ，P.H., ノーマン，D.A.（1983）（原典 1977）中溝幸夫・箱田裕司・近藤倫明訳『情報処理心理学入門1 感覚と知覚』サイエンス社

Rozenblit, L., & Keil, F.（2002）The misunderstood limits of folk science: an illusion of explanatory depth, *Cognitive Science, 26*, pp. 521-562.

Maier, N. R. F.（1931）Reasoning in humans: II. The solution of a problem and its appearance in consciousness, *Journal of Comparative Psychology, 12*, pp. 181-194.

4 小さい子どもの自然な学び

三宅　芳雄・三宅なほみ

　第3章で明らかになってきたことのひとつは，人は学ぶための土台になるようなある種のものの見方を持っている，だからこそ学べる，という人の姿だろう。「人は，まっさらな白紙のようなもので，なんでもこれから学ぶ」というようなものではない，ということである。そう考えると，生まれたばかりの赤ん坊は一体どんな土台を持っているのかを考えておくことが大事だろう。この章では，小さな子どもの世界に戻って，彼らがそもそも身の回りで起きるさまざまな現象を捉える仕組みを持っていること，そういった仕組みを使って，世の中を一定の方向で捉えること，いわば「世界のモデル」を持って，これから起きることを予測しつつ「学びの土台」を作り上げる様子を探る。ここでもいくつかの考え方，研究例を挙げていくが，そのひとつひとつの内容を全部覚えてほしいというわけではない。そうではなくて，むしろそれらの研究から見えてくることを「ひとつのストーリー」としてまとめて語れるようになってほしい。そのストーリーが，この章の後にくる「人の賢くなり方」を理解するうえでの，あなたの土台になる。

　学習が成立するのは，人が分かろうとするからである。しかもすでに自分なりの考えや分かり方を持っていて，そのうえで分かるようになっていく。さらに，そこで分かったことが次の分かろうとする活動を生み出していく。この分かる，という心の働きが繰り返し続いていくことによって人は学び続けていく。

　しかし，「自分なりの考えや分かり方を持っていて，そのうえで分かることが成立する」過程は，決して単純なものではない。分かることに向けて使われる自分なりの考え方や分かり方は場面に応じてさまざまで

あり，その実態を捉えることは簡単ではない。現実の多様な状況の中で成立する「分かり方」を捉えるためには，現実に成立するさまざまな考え方，分かり方をひとつひとつ解明し，蓄積していくことが必要になる。

　以下では，乳児，幼児の分かり方，考え方をいくつか取り上げ見ていくことにしよう。（慣例では，生まれてから数週間—母子保護法では28日未満—を新生児，1歳前くらいまでを乳児，就学までを幼児，のように呼び分けることが多い。）

1. ものの世界の理解

　子どもの周りにはたくさんのものがある。ことばを話さない乳児には「何が分かっていて，そのうえに何を分かろうとしているのか」をことばでたずねることで明らかにすることはできない。一定の状況で子どもがどのように振る舞うのか，その表情やどこを見ているのかなど，子どもの観察をもとに推論することになる。よく行われる方法のひとつは普通には起こらないことを子どもに見せることである。子どもがそれにびっくりしたり興味を示したりすることがあれば，そこから反対に子どもが普通であると分かっていることが何かを推し量ることができる。たとえば次のような実験を行うことで，ある程度の推測が可能になる。

　物体は支えがないと落下する。このことを大人は分かっているので，物体が支えのない状態でも空中にとどまっていれば驚く。3カ月の乳児はどうだろう。次のような実験で調べることができる。乳児は台が置かれたテーブルの前に座る。そうすると，実験者の手が右側の窓から出て来て，箱を台の上に置く。これは実際にあり得ることであり，これを見ても乳児は特に驚いた様子は見せない。次に，普通には起らないこととして，実験者が台の上から通り越したところで箱を手から放すということをする。この時，乳児には物体が空中に浮いて落ちないように見せる

可能事象　　　　　　　不可能事象

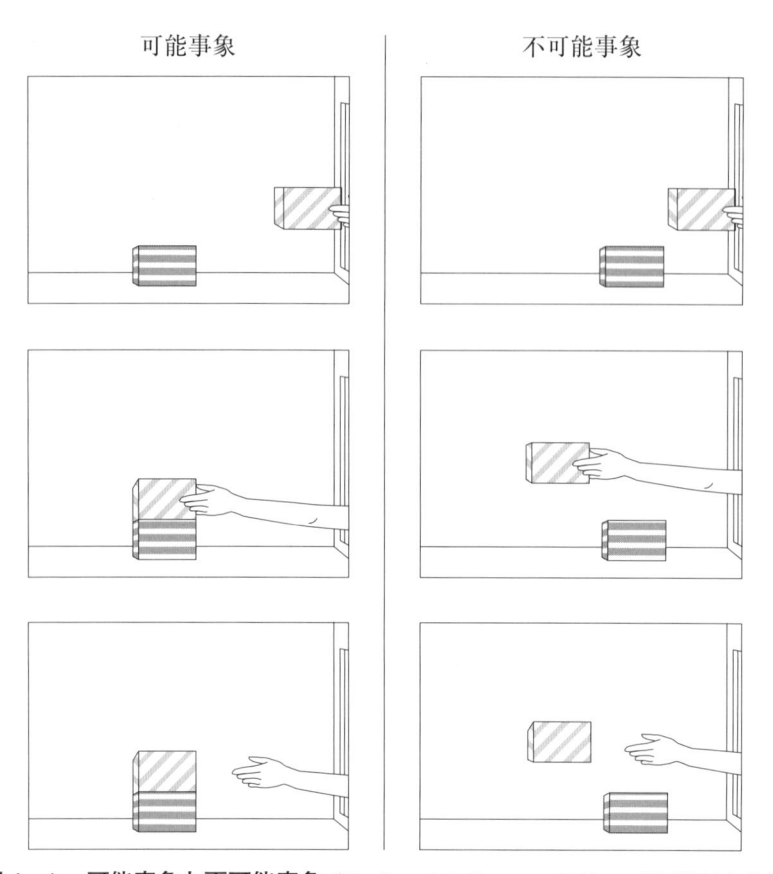

図 4-1　可能事象と不可能事象 （Needham & Baillargeon, 1993での実験状況より作成）

（図 4 - 1 参照）。この条件では 3 カ月の乳児は先ほどの事態と違って，驚き，興味を持った様子を見せる。この場合，実際，箱をより長く見ることが分かっている。この結果は乳児が支えとなる台がない場合にはものは落下すると分かっていることを示唆している（Needham & Baillargeon, 1993）。

　ここで注意しておきたいのは，この頃の子どもが大人と同じ概念を

持っているわけではないということである。彼らの素朴な理解は「そういうふうに反応できる」一貫した傾向を示す，ということであって，「理屈」を伴って成立しているわけではない。このような反応の傾向が意識的にことばによって説明できるようになるのは，子どもがもっとずっと大きくなってからである。

2. 単純化へのバイアス

　分かるための出発点になる考え方のひとつは，まずは分かろうとするものを比較的単純なものとして捉えようとすることである。実際，分かるものが単純であれば，それでよいことになる。しかし，分かろうとするものが複雑である場合であっても，単純な分かり方が有効に働くように見えるので，そのまま考えが維持され，複雑な対象の実態を捉えられない状態が続くことがある。

　小さい子どもたちは，「お母さんは絶対消防士にはなれないんだ」と主張することがあるが，それはなぜなのだろうか。また，子どもの時，肉親から引き離された人たちが，大人になってからなんとかして自分の親を探そうとするのはなぜか。さらには，熱心な美術収集家が画家のオリジナルに法外な値段を払うのはなぜなのだろう。これらはまったく異なった文脈で起きるばらばらなことがらにも見えるが，どれも「心理学的本質主義」という考え方の枠組みで理解することができる (Gelman, 2003)。

　このような分かり方を心理学的な本質主義という。特定のカテゴリ（たとえば「ライオン」「女性」など）が，その根底に，直接は観察することができない本質を持つという考えである。その本質は必ずしも外から見ることはできないが，そのものがあるカテゴリに属するメンバーであることを保証する。生物学の領域でいえば，本質とは，ある生き物

が成長したり，子どもを産んだり，（オタマジャクシがカエルになるなどのように）変態したりしても，その生き物の中に存在し続ける「質」である。化学の領域でいえば，水が固体でも気体でも流体でも「水」であるように，ある物質が，形や大きさや状態を変えても残り，そのものがそのものであることを保証する「質」である。

　この考えは，どこからくるのだろうか。最近の研究では，心理学的な本質主義は成長の早い時期から見られる認知的バイアスであることが提案されている。これらの研究によれば，年少の子どもは，単語を学ぶ時，新しいカテゴリメンバーにそのカテゴリについて持っていた知識を一般化して当てはめる時，ものの内側に何があってどんな働きをしているのかについて推測する時，学習して身につけられることがらに対して生まれつき持っている性質がどんな影響をもたらすかを考える時，さらにはものごとの因果関係を説明する時など，さまざまな場面で，直接は見ることができないものの本質をつかんでいることが分かる。これらの結果からは，子どもたちが幼い時から，隠れた，目に見えない特徴を探そうとする傾向を持っているのだと考えることができる。

（1）　本質主義はどこに現れてくるか

　子どもにせよ大人にせよ，人が本質主義的なものの考え方をするという証拠はどこにあるのだろうか。メディンとオートニー（Medin & Ortony, 1989）は，本質主義は「場所取り」だと考えればよいという。本質がなんであるかは分からないうちから，場所だけは確保しておくかのように，あるカテゴリがある本質を示す，と決めてかかるのである。例として，子どもたちはよく，男と女の間には決定的な違いがあると信じているが，実際それがどのような違いなのかについてはまったく何のアイディアもない，ということがある。しかし，ものごとにそういった

本質があると考えることによって、さまざまな推論を行うことができ、またそれらがどういう構造を持っているかを知ることができる。

たとえば、あいまいなカテゴリのメンバーを決定する時、子どもと大人がどのような手続きを使うかをテストするために、次のような実験を行った。5歳児と大学生に、図4-2のような、ほとんど同じに見える2つのもののペアを示し、これらのアイテムはいくつかの点で違う、と告げた（たとえば「1匹は犬で1匹はオオカミである」もしくは「1匹は動物でもう1匹はおもちゃである」など）。そして、どちらのアイテムがどちらであるかを決めるように教示した。それから、アイテムの内部、起源や出身、行動、年を調べることは、答えをチェックするのに有効であるかどうかをたずねた。

その結果、子どもも大人も、そのアイテムは外から見える行動だけではなく、内部の性質や起源によっても特徴づけることができると信じていたことが示された。5歳児も大人も、同じように、起源や内部を調べることは2つの同じに見える動物のうち、どちらが犬でどちらがオオカミであるかを決める重要な手がかりとなると答えたが、彼らがオオカミと犬とで内臓がどう違うのかを知っていたとは考えられない。彼らはい

図4-2 実験に使用したサンプルアイテム（Medin & Ortony, 1989より作成）

ずれも，本質的に何かが見えないところで違う，ということだけを信じていたと思われる。

（2） ことばと本質主義

　本質が外からは観察できないものだとすると，人は何によってその本質をつかんだり，人に伝えたりしようとするのだろう。ものの本質について判断したり伝えたりする時，ことばが果たす役割についての実験を見てみよう。

　あるカテゴリのメンバーを表現するのに使用することばが，子どもたちのそのカテゴリについての判断に影響する。数えることのできる名詞は，形容詞句や動詞句よりも，あるカテゴリが時間を越えて安定しており，一貫性があることを意味する。たとえば，ある研究では，5〜7歳の子どもたちに対して，数えられる名詞句を用いた説明（「ローズは8歳です。ローズはたくさんにんじんを食べます。彼女は『にんじん食べ屋さん』です。」）か，もしくは動詞句を用いた説明（「ローズは8歳です。ローズはたくさんにんじんを食べます。彼女はできる時はいつでもにんじんを食べます。」）を聞かせた。その後，その子どもたちに，「ローズは大人になってもたくさんにんじんを食べるでしょうか」「もし彼女の家族がにんじんを食べるのをやめさせようとしたら，彼女は食べるのをやめるでしょうか」などの質問をして，このカテゴリメンバーが時間や環境の変化を越えてどのくらい安定していると思うかを調査した。結果，数えられる名詞を使った説明（『にんじん食べ屋さん』）を聞いた子どもたちは，動詞句による説明（「そうできる時はいつでもにんじんを食べます」）を聞いた子どもたちよりも，個人の特性が時間や環境を越えて安定しているだろうと判断することが見出された。

　一般的な名詞句は本質を表現する表現の仕方であり，あるカテゴリが

一貫していて，さまざまなことについて推論が可能であることを意味する。4歳児に新しいことがらを一般的な言い方を用いて説明する（たとえば「熊の毛皮には3つの層があります」など），彼らはこの表現をカテゴリメンバーのほとんど，もしくはすべてに当てはまる典型的な事実だとして扱う。一般的な名詞は子どもたちが聞くお話の中にたくさん含まれており，子どもたちはこのような一般性を表す手がかりに非常に敏感であることが分かってきた。

　最近では，言語には言語特有の本質主義を伝える仕組みが備わっていることが分かってきた。たとえば，スペイン語を話す年少の子どもたちは，存在を表現する動詞のどの形が使われるかによって，カテゴリの安定性を判断していると考えられる証拠が見つかっている。あるものが「存在する（ある）」と断定するのと，「存在する（ある）かもしれない」と表現するのとでは，そのものの安定性についての判断が異なる。ことばが心理学的な本質主義の源であるとはいえないだろうが，言語は，子どもたちがいつカテゴリを安定したものとして扱うかに関わる重要な手がかりを提供していると考えられる。

3. 表象書き換え理論

　人は何かができるようになるだけでは満足できず，より深く分かることを求める存在である。カーミロフ・スミスの次の研究（Karmiloff-Smith, 1984）でこのことを見てみよう。ここでは，子どもが示す一貫した反応について「なぜ」そのように反応するのか，子どもがことばで説明できるようになるところまでを見ていく。

　子どもたちは図4-3のようないろいろな形の積み木を与えられる。彼らの課題は，図のような細い金属製のレールが埋め込まれている「平均台」の上に積み木をバランスを保って置くことだ。図にあるように，

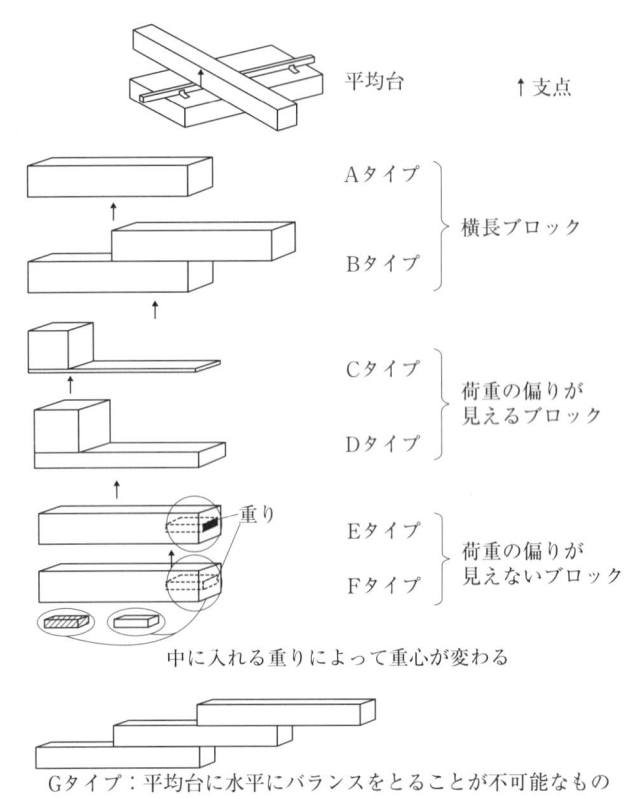

図中ラベル：
平均台　↑支点
Aタイプ／Bタイプ　横長ブロック
Cタイプ／Dタイプ　荷重の偏りが見えるブロック
重り
Eタイプ／Fタイプ　荷重の偏りが見えないブロック
中に入れる重りによって重心が変わる
Gタイプ：平均台に水平にバランスをとることが不可能なもの

図 4-3　平均台（一番上）に置く積み木の種類（Karmiloff-Smith, 1984より作成）

積み木には大きく4種類のものがある。1つ目の種類のAタイプとBタイプは直方体の標準的なものとそれらを貼り合わせたものだが，どちらも中央にバランスをとる時支点として使えるところ（図では↑で示す）がある点では同じだ。2つ目の種類は直方体の端に木片の重りが張ってあり，重さの偏りがはっきり違いとして目に見える積み木だ。3つ目の種類は直方体の形をしているが，中に重りが埋め込まれていて，重心が中心にない種類のものになる。4つ目はバランスがどこでもとれ

ないタイプの積み木になる。

　4歳から9歳の子どもたち67名が，年少，年中，年長の3グループに分けられて，それぞれ上記の課題を行った。どのグループも子どもたちはおもしろがってこの課題を行った。年少組は，積み木をレールの上に載せ，後は少しずつあちこちにずらしながら標準的な直方体の積み木だけでなく，どの積み木でも結局は試行錯誤でバランスがとれる点を見つけることができた。次に年中組がどうなったかというと，標準的な直方体の積み木はすぐにできる。大体の中心のめどをつけ，そこから微調整を繰り返して，バランスのとれる点を見つけることができた。ところがこの子たちは，重りのために重心が中心から偏っている積み木についても，標準的な積み木と同様にまず形の上での中央をめどにバランスをとろうとする。ところがこの場合は，微調整では釣り合う点を見つけることができない。なかなかバランスがとれない時に，再度，中央から始めようとするために，いつまでたってもバランスをとることができず「バランスがとれない」といって投げ出してしまう子どもが少なくなかった。年長の子どもたちは，中心から始めるが，微調整を繰り返して，どのような積み木についてもバランスをとる点を見つけることができた。全体としては，バランスをとる課題の成績という点では，年少児の方が年中児よりよいという結果になっている。

　この事実をカーミロフ・スミスは子どもたちが発達の過程で心の中の表象を使って理論を作り，それを精緻化していく過程として説明している。年少の子どもたちは，どんな状況でバランスするかという表象がなく，理論もない。このことが年中の子どもたちと比べ，試行錯誤の範囲を大きくとることにつながり，微調整の結果として，バランスをとるという課題が達成され，成績がよいという結果を導く。しかし，年中児は，積み木の中央にバランスのとれる点があるはずだという理論を持ち，そ

れが全部の積み木に当てはまらないかと試している。だが，彼らの理論は不完全だ。もう積み木の中には中央でバランスしないものもあるが，なかなか自分の不完全な理論から離れられず，そのような理論を持つことがかえって成績を下げる結果になっている。しかし，これも「より深く分かろう」「世界を整合性のあるものとして捉えていこう」とする途中の現象だとすれば，これは子どもが賢くなっていく過程で起きるひとつのステップだといえるだろう。年長の子どもは重さも考えに入れられるようになり，もう積み木の中央だけに釣り合いがあるという単純な理論を持っていない。平均台に積み木を置く前に，積み木の重さが偏っていることに注意して，支点がありそうな場所を推測しておき，そこから微調整を始める。このような精緻化された理論を持つので，再びどんなタイプの積み木でもうまく平均台に置くことができるようになる。しかもこの時には自分がどういう考え方で積み木のバランスをとっているかをことばで説明できるようになっているという。試行錯誤の方略で課題の達成に成功した時に比べ，ここでのやり方の方が原理をよりよく理解し，事態をよりよく制御できるようになっているといえる。カーミロフ・スミスによれば，この単に「課題ができる」状態から「分かる」状態に変化する時，心の中に持っている表象も，その変化につれて，ばらばらな事象（この場合は積み木）を個別に扱う表象から，ことばによって事象をコントロールする表象へ変化すると主張している。この考え方を「表象書き換え理論」と呼ぶ。

　カーミロフ・スミスは，このような現象を積み木の場合だけでなく，地図を扱う空間的な課題，冠詞の使い分けなどの言語的な課題においても成り立つことを実験的に示している。

　ここで取り上げた研究は，いずれも人の認知発達にはその基盤となるある種の「ものの見方」「考え方」，あるいは「傾向」があることを示し

ているといえる。乳児の物理現象の理解の研究は,「もの」は支えがないと落下するなど,「もの」の基本的な性質について,誕生後のごく初期の頃から「ものの見方」を持っていると解釈できる。本質主義という考え方を提唱している研究では,子どもがこれもかなり早い時期から,生きているとはこういうことだとか,ものは種類に分けることができ,同種のものは同じような性質を共有しているなど,かなり抽象度の高い「理解」を基本的に持っていると解釈できる。最後の表象書き換え理論というこれもひとつの提案は,年齢が上がるにつれ,その「種類分け」の仕方が変わること,言い換えれば「同じような性質を持つもの」を「ひとつの種類」として仕分けることができるようになること,しかも,そうなってくるにつれてその種類と性質について「ことば」で表現することができるようになることを示唆している。「ことば」で表現できるようになることは,その内容が具体的な事象を離れてより広く,「一般的に」適用可能になる準備段階が整ったことを示唆する。これらが,この後に続く賢さの成長につながる基盤となっていると考えられるだろう。

　では,これらの初期には安定して見られる世界の捉え方,言い換えれば世界モデルはその後,どのような経緯を経てより広い現象にも適応できるモデルへと変更されていくのだろうか。表象書き換え理論は,この変化に他人がどう関わるかを直接検討していない。だが,人がそばにいてある種の言語化の仕方や種類分けの仕方,特にものを先に分けてからその性質を見極めるのではなく,性質を見極めて同じ性質を持つものをひとつのグループとするやり方を教えてくれるから,こういう発達が起きるという見方もあってもよいし,実際そういう考え方を賢さの育成の中心に置く研究者も多い。以下,その広がりを見ていこう。

引用文献

Gelman, S. A. (2003) *The Essential Child:Origins of Essentialism in Everyday Thought*, Oxford University Press.

Karmiloff-Smith, A.(1984) Children's problem solving. In M. E. Lamb, A.L. Brown, & B. Rogoff (Eds.), *Advances in developmental psychology, Vol.3*. LEA.

Medin, D. L., & Ortony, A. (1989) *Psychological essentialism*. In S. Vosniadou & A. Ortony (Eds.), Similarity and analogical reasoning, Cambridge University Press.

Needham, A., & Baillargeon, R. (1993) Intuitions about support in 4 1/2 month-old infants. *Cognition, 47*, pp.121-148.

5 経験から作る素朴理論

三宅なほみ・三宅　芳雄

　この章で紹介する研究は，この教科書が想定している学びのモデルの基礎になる学びである。人は，小さい時から身の回りで起きることを観察して，一定の規則性があるものとして捉えようとする。規則性が捉えられると次に何が起こりそうか予測できるようになるので，便利だからだろう。こういう，人が他人から教えられるのではなく，自分の経験に基づいて自分なりにこしらえ上げて予測に使う分かり方を「経験則」と呼ぶ。科学的に洗練された理論ではないので「素朴理論」とも呼ぶ。ここでは物理学，生物学，天文学それぞれの素朴理論を扱うが，振り返ってみると人類がこういう学問を作ってきた最初にあったのも，おそらくはこういったさまざまな素朴理論だったろう。素朴理論は人によって違うから，特に興味のある人たちが自分たちの素朴理論を突き合わせ，矛盾する所を実験で確かめるなどして，今の科学が作られてきた。そういう意味で，子どもの持つ科学理論がどういった面で素朴で，またどれほど経験則として役に立つものかを知っておくことは，そういった初期仮説を持つ子どもたちにどう働きかけたら彼らの素朴理論が科学的概念に変わるのか，子どもに概念変化を引き起こすにはどう教育すればいいのか，という教育心理学ならではの研究主題につながっていく。

1. 概念変化という考え方

　概念変化は，人が，自ら持って生まれた能力を使いながら与えられた環境と関わることによって自分自身の賢さを築き上げていくプロセスのひとつであり，その始まりは日常生活の中で起きる。

　子どもは生まれつきある種の特性を持っていて，その特性に従って世の中に対処する枠組みを作る。その枠組みは，日常的な経験を経て，経

験則になる。これを素朴理論と呼ぶ。同時に世の中ではある領域の研究者が集まって互いの説を検討し合い，たくさんの経験を統合的に説明できる「科学的理論」をいろいろな形で作り，それらを社会的な相互作用の中で検討して「科学的概念」を作り上げる。こういった素朴概念のあり方や科学的概念の形成のされ方，意図的に素朴概念を科学的概念に変化させる手段の妥当性と有効性などを検討するのが「概念変化」と呼ばれる研究分野である（稲垣・波多野，2003；Vosniadou, 2008；2013）。

　学校教育の大きな目的のひとつは，学習者ひとりひとりが持つ素朴理論を，教育によって科学的概念に「変化」させることだと表現することもできる（波多野・稲垣，2006）。この章では，この領域でのこれまでの研究成果の一部を見ながら，素朴概念とはどのような特性を持つもので，その特性が学校での科学的概念の学習をどう準備するか（あるいはどう邪魔になるか）を考えていこう。3つの研究を取り上げる。最近の認知発達研究では，人の認知が，心理学の領域，数の領域，言語の領域などいろいろな領域に「区切られて」おり，それぞれが独自の特徴や構造を持っているとする考え方（「認知の領域固有性」と呼ばれている）が強調されている。この考え方では，子どもと大人の考え方の違いを，各領域に固有な知識の量と，それに伴う構造の違いで説明しようとする。このような研究動向の中では，就学前の幼児であっても，世界の成り立ちについて理論と呼べるような体制化された知識の集合，言い換えれば素朴理論を持っていると考える研究者が多い。その中からこの章では，幼児が普遍的に持つ素朴概念とはどのようなものかを，生物学（稲垣，波多野，2003）と天文学（Vosniadou & Brewer, 1992），そして物理学（diSessa & Sherin, 1998; diSessa, 2006）の3領域についてそれぞれ紹介する。太陽の動きとか昼と夜の変化など天文学が扱う素朴理論や，何が生きているもので何が生きていないか，また何が大きくなるかなど生物学が扱う対

象は，ある意味現象そのものが日常的に目に見える。それに対して，物理を支配している現象は，目に見えるものの裏に隠れている。そう考えると，小さな子どもが作る素朴理論も，それぞれの領域で少しずつ違った特徴を持っているかもしれない。

　それらについて発達研究者が考えてきた成果を統合的に考えると，「素朴概念」が，個人ひとりひとりの体験をもとに，多様な世界モデルを取り込んで積極的に作られ，変容していく様相が見えてくるだろう。

2. 生物分野での素朴概念—擬人化モデル

　幼児の素朴概念研究では，物理学や心理学の領域を扱うものが多かった中で，稲垣，波多野は早くから生物学領域での素朴概念の姿を明らかにしてきた（稲垣・波多野，2003）。そもそもピアジェは，3歳から5歳くらいの幼児は生物と無生物の区別ができないと考えていたようなのだが，ほんとうだろうか。また，アニミズムに関しても，幼児は無生物が何であれ一般に人と同じように意図や感情を持っていて，その対象が石ころだろうが花だろうがライオンだろうが区別はしない，と考えられていたが，ほんとうにそういうものだろうか。子どもの知識が限られているといっても，自分のこと，人間のことについては結構いろいろなことを知っている。擬人化というのは，この人間についての知識を使って，よく知らない動物や植物の属性や振る舞いを予測したり，説明したりする結果出てくるものだろう。しかも子どもは，ごく小さい時から，自ら動くものとそうでないものを区別する自然な傾向を持っている。だとすると幼児であっても，ほんとうは生物と無生物をちゃんと区別していて，人間についての知識も無差別に何にでも適用するのではなく，人間と似ている程度や対象となる生物についてすでに知っていることの整合性を考慮に入れながら子どもなりの素朴生物学を作り上げ，よく知らないこ

とに対してももっともらしい予測を一貫して生み出すことができるのではないかと考えられる。

　4，5歳児は，実際無生物（たとえば石ころ）と植物（たとえばチューリップ）と動物（たとえばウサギ）に対して，それぞれどの程度「人と同じ」と判断するのだろうか。稲垣らの巧みな実験を少し詳しく見てみよう。稲垣らは，5～6歳の幼稚園児に，4つの生物現象に関係したなじみの薄い状況におけるウサギ，チューリップ，石の反応を予測させ，その理由づけをするように求めた (Inagaki & Hatano, 1991)。4つの生物現象とは，成長阻止，水の過剰摂取，自発的回復，水の欠如である。たとえば，赤ん坊のウサギや芽が出たばかりのチューリップ，小さな石がそれぞれ「可愛いので，そのままにしておきたいが，できるか」（成長阻止），「ぐったりして元気がない，あるいは（石が）2つに割れた」ので，そのままそっと静かにしておいたらまた元通り元気になるか」（自発的回復）などを聞いた。

　ウサギやチューリップに対する子どもの反応は，人間に関連した用語を用いていたり，人間に言及している場合（「ウサギだったら，僕みたく，大きくなっちゃう」），あるいはターゲットの事物に対する子どもの予測と説明の両方が，人間に対するのと本質的に同じである場合（「そこんとこは人間と同じにね」），擬人的であると判断した。その結果，ウサギに対しては，75％（40人中30人）チューリップに対しては63％（40人中25人）のものが4問の質問に対して少なくとも1回は擬人的反応をした。これに対し，典型的な無生物である石に対して擬人的反応を示した者はまったくいなかった。

　次に，同じ幼稚園の他の6歳児40人に対して，人間とターゲットの事物の行動が異なるような場でのウサギとチューリップの反応を予測させた。「ある人がオリに入ったウサギ／鉢植えのチューリップを買ったの

ですが，帰る途中で別のお店に入り買い物をした後，ウサギ／チューリップのことは忘れてお店を出ていこうとしています．この時，ウサギ／チューリップはどうしますか？」といった質問である．

このタイプの場面では，チューリップに対して擬人的反応を示した者は20人の子どものうち1人もいなかった．ウサギに対しては，20人中7人のみが擬人的反応を示した．しかしウサギに対して見られた7つの擬人的反応は，ウサギができることの範囲内のものだった．たとえば，置き去りにされそうになっていることを知らせるために，オリの中であばれるなどである．

これらの実験については，ウサギよりもっと人間らしくないバッタを使っても同様の結果が得られている．ここから分かるように，児童が擬人化するといっても，彼らは擬人化する相手がどれほど「人間に類似しているか」を判断し，そもそもどのような特性を持っているか，分かっている範囲で想定できることを考慮に入れて擬人化している，と考えられる．こういった擬人化のやり方は，当然子どもたち自身の体験や学校で習うことが増えていくとそれに従って変化し，またその変化が子ども自身の生物概念を変化させていくだろう．この意味でも概念変化は，日常生活や他者とのやりとりの中で，他の知識の変化と絡み合いながら複雑な過程を経て起きるものなのだろう．

稲垣らはこの他にも，人が持っている特徴（遺伝的，身体的，心理的）を修正できるかという質問をし，「できる」と答えた子どもにはさらに「どのようにしたらできるのか」の理由をたずねるという手法を使って，4～5歳児が心の働きと身体の働きをちゃんと区別できることを示した（Inagaki & Hatano, 1993）．たとえば，

遺伝的特徴についての質問

例：太郎君は男の子だけど，女の子になりたいと思っています．太

郎君は女の子になることができるかな？
　身体的特徴についての質問
　　例：太郎君はかけっこが遅いんだって。それでもっと速く走れるようになりたいと思っているんだけど，太郎君はもっと速く走れるようになれるかな？
　心理的特徴についての質問
　　例：太郎君はいろんなことをすぐ忘れちゃうんだって。それでなんとかしてそれを直したいって思っているんだけど，いろんなことを忘れちゃうのを直すことができるかな？

のように，3つの特徴についてそれらが修正可能か，可能だとしたらどうすれば可能かを問うと，4歳児でも，この3つをはっきり区別していることが分かった。遺伝的特徴はほぼまったく修正不可能であるのに対し，心理的特徴はある程度修正可能であり，身体的特徴は「毎日かけっこの練習をすれば速く走れるようになる」などの理由を挙げて修正可能だと思っていた。4歳児と5歳児が多少違うのは，心理的特徴の修正に関して4歳児は具体的なやり方を思いつかないが，5歳児になると，ものを覚えるには「何回もいう」など心の中ですべきことを挙げたり，おこりっぽい子について「すぐおこっちゃうのをやめようって思えば直る」など意思と努力で頑張るべきなど，何らかの具体的な方法を挙げられる子が出てくることだった。

　これらの事実を合わせて考えると，幼児は生物学的な現象について，素朴ではあっても自分なりの判断をし，知らない現象について安定した推論をする「理論」を持っており，それが子どもの成長につれ徐々に科学的な概念へと変化すると考えられる。稲垣はこの変化の理由として，これらの理論は，その後子どもが学校で教育を受けるようになるにつれ，その一般的効果として，高次カテゴリの有効性についてのメタ的信念，

すなわちカテゴリに基づく推論の方が人間との類似性に基づく推論よりも信頼できるという信念が強くなることによって引き起こされる，としている（稲垣，2010）。

3. 天文分野での素朴概念—フレームワークと統合

　ヴォスニアドゥは，概念変化を扱う研究者の中では数少ない，教育によって生じる概念変化を問題にしてきた研究者で，半直観的な科学的概念が教示された時，それがどう受け入れられるか，どのような働きかけをすると素朴概念にどのような変化が生じるのか，などのテーマを研究している。認知発達研究がもっぱら「自発的な」変化を扱っているのに対し，ヴォスニアドゥが扱うのは，教育研究に特徴的な問題である。概念変化研究の初期のモデルでは，人が発達の初期に持つ概念と科学的概念はそれぞれ独立に存在し，最終的にはどちらかが選択されるものであって，この両概念が相互に影響を及ぼし合うなどの考え方はなかった。しかし，ヴォスニアドゥは，実際の科学的概念の教授場面では素朴概念によって科学的概念が誤って解釈されたり，素朴概念が科学的概念を取り込むように変化したりなど，素朴概念と科学的概念が互いに影響し合って変化する，と考えた。

　最近の概念変化研究では，幼児期の理解は物理・生物・心などいくつかの領域に分けられており，個々の対象に対する理解はその領域固有な理論の中に埋め込まれていると考える。ヴォスニアドゥはこの理論をフレームワーク理論と呼び，物理，心理，数学，言語の4領域を想定している（Vosniadou, 2007；Vosniadou, et al., 2008）。個々の領域に対するフレームワーク理論は，あとから紹介するディセッサがいうような断片的な観察事象の集まりではなく，子どもたちが生得性や日常体験を経て作り上げる整合的な一体化した理論である。なぜなら，人は世界モデルを

持っていて，世の中のことがらに対してある程度一貫した反応を示すことが知られており，そもそも一定の質問に対する，ある年齢の子どもたちの返答が年齢によってある程度一貫しているからこそ，彼らは素朴理論を持つといえるからである。ヴォスニアドゥは，この後に説明するディセッサの p-prim 理論のような断片的な知識に基づく理論ではこの一貫性が説明できないと考えている。

　具体的な研究の例を1つ紹介しよう。ヴォスニアドゥとブルーアー（1992）は，アメリカの小学校1，3，5年生に対して，地球の絵を描くことや地球に関するさまざまな質問をした。「地球はどんな形をしていますか」とたずねると，大抵の子どもが「丸い」と，正しく答えることができていた。しかし，「人は地球のどこに住んでいますか」「ずっとずっと歩いていくとそのうちどうなりますか」「月や星はどこにありますか」などの質問をすると，「人が住んでいるのは地球の中の平らなところ」とか「何日も何日もずっと歩き続けていたら，そのうち地球の端について，おっこちちゃう」「（月や星は）地球のずっと上の方にある」などの回答が得られたという。彼女はその理由として，この年齢の子どもたちが，「地球は丸い」という情報そのものは受け取っているがその内容が実感と関連づけられておらず，「地面は平らである」「ものは支えがないと落ちる」など，身の回りの普通の「もの」について考えられる固定化した基本概念となんとか結びつけようとした結果，非科学的な合成モデルを作っているのだと考えた。この合成モデルのもとになる初期モデルは，幼い子が大抵持っているモデルで，地球は四角もしくは円形の平らな板の形をしている。つまり平面である。それ自体は動かない。これに対して，最終的には科学的に正しいモデルとされるものは，地球が球形をしており，他の天体の物質と相互に物理的に作用し合いながら，太陽の回りを公転しつつ，自らも自転しているというモデルである。上

に挙げたような質問への子どもたちの答えから，彼らが持っていると考えられるモデルを想像すると，この中間に，初期モデルと科学的モデルの間のつじつまを合わせるような形で，次の3つの合成モデルが存在すると考えることができた。

● 「2つの地球」モデル

これまで通りに理解された地球とは別に，惑星として別の地球がもう1つあると考えるモデル。片方は平らでその上に人が乗ることができ，もう1つは丸くて太陽の回りを回っていてもよい。

● 「空洞球体」モデル

透明のビーチボールのようなイメージで，空洞の球体の中に平らな大地があり，その上に人間が立っているモデル。太陽や星は，この大きな球体の内部に入っている場合と，球体の上部が開いていてその外にある場合とがある。

● 「平らな（クッション型）球体」モデル

球体を平らに押しつぶした，あるいは上部を水平に切り取った，厚手のクッションのような形をしたモデル。人は，クッションの中央部分，押しつぶされて平らになった部分に乗っている。

ヴォスニアドゥは，初期モデル2種（四角か円盤か），合成モデル3種，科学的モデル1種の6種類のモデルにつき，実際子どもたちの回答との一致度を確かめた。その結果，協力してくれた60人（1年生，3年生，5年生それぞれ20人ずつ）の子どものうち49人の回答パタンが想定されるモデルのどれかと一致し，そのうちの25人の回答パタンが合成モデルによるものだった。モデルを持っているであろうと考えられる子のほぼ半分が持っていたのは，合成モデルだったという結果になったので

ある．科学的モデルを採用した回答は，1年生で3人，3年生で8人，5年生で12人と徐々に増えていくのに対して，合成モデルの中でももっとも初期モデルに近い「2つの地球」モデルに基づく回答は，1年生で6人，3年生で2人いたものが5年生では0人と減っていた．モデルのいくつかを組み合わせた混合モデルを使ったと考えられる回答をした人数も，1年生では7人いたものが，3年生，5年生ではそれぞれ2人に減っており，素朴で1つの見方に定まらない理論がゆっくり時間をかけて球形モデルという科学的概念に変化していくゆるやかなプロセスが明らかになった．この変化の途中では，さらに細かくいくつかの特徴的なモデルが生成されることも分かってきた．こういうゆるやかな変化は天文学に特有のものではなく，数学や歴史についての理解でも見られるといわれている．

フレームワーク理論は，素朴概念がなぜ簡単には科学的概念に変化しないのかも説明する．素朴概念が変化しづらいのは，それが日常経験に支えられて日常生活の中で繰り返し再確認され，一貫した説明体系をなしているからである．ヴォスニアドゥが研究した地球の概念は物理的世界に対するフレームワーク理論，すなわち素朴物理学の理論的枠組みの中に埋め込まれている．地球の概念が変化しづらいのは，この素朴物理学がとても強固だからだ，ということになる．

4．物理分野の素朴概念――「断片的知識」アプローチ

ディセッサは物理学を中心に自然科学の学習を知識の変化という観点から問題にしている（diSessa, 2006）．その学習理論の中心には，断片的な知識の集積とその適切な活用として学習が成り立っていくという考えがある．そのような個々の断片的な知識を p-prims（phenomenological-primitives）と呼んでいる．知識の中には「断片的知識」がたくさん

ある。したがって，知識全体を考えている時には，p-primsと複数で示される。人が何かを考える時に使うのがそのうちの1個であれば，その時に使われているのはp-primと単数で表すことになる。

たとえば，そのようなp-primのひとつにディセッサがspringiness（弾力性）と呼ぶものがある。バネのように力をかけて押せば縮み，離せばもとにもどるという，多くの物体が示す現象の分かり方である。これを知識のひとつの基本単位として獲得，保持するだけでなく，物理的な現象に対して適切に適用できるようになると，物体が衝突した時の現象を説明できるようになる。たとえば，ゴムボールのようなものはspringinessがあるので衝突すると跳ね返ると予測しやすいが，見かけ上はあまり変形しない鋼鉄の球にもそれを適用することができるようになれば「鋼鉄の球でもやっぱりすごい勢いでぶつかれば跳ね返るだろう」など，より広い範囲で衝突の現象を理解できるようになる。適用範囲が広がるにつれ，p-prim自体の理解も深まり進化する。物体の変形の結果として，物体に復元力が備わり，その復元による運動とそれに伴うエネルギーの変化が理解されると，より複雑な現象をより精緻に説明できるようになり，適切な予測が可能になる。ディセッサにとっては，このようにp-primsの適用範囲が正しく広がり，それ自体の理解も深まって，他のp-primsと自在に組み合わせてさまざまな物理現象を説明したり予測したりできるようになることが物理学領域での概念変化である。

ディセッサはなぜこのように考えるのだろうか。人の反応には一貫性があると考えると，その背後に一貫したものの考え方があると想定したくなる。ところが，ディセッサはそもそも人間の反応が一貫しているとは考えない。ディセッサの研究では，物理の問題を提示してインタビューを行い，返ってくる答えを分析するものが多いが，素人や初心者

の反応は文脈によってかなり異なり，問い返されただけで解答が変化することもある。あるひとりの研究協力者の反応を整理した研究（diSessa, et al., 2002）では，Jという学生が，同じ現象に対して「何度か説明を求めるとその都度，互いに矛盾する説明をする」「文脈によってひとつの専門用語をまったく異なる意味で用いる」「異なる専門用語を同じ意味を表すものとして扱う」「目前の文脈に依存した理解を優先し，物理学の原理を否定する」などの行動をとったと報告されている。ディセッサは，このような多様な反応は例外ではなく，むしろ普通に見られることだとしたうえで，この多様性を説明するための最適な方法として，断片的でしかもそれぞれ独立して使うことができる単位の小さい知識を想定し，いわゆる「概念」はそれら断片的な知識が必要に応じて構成されるものだと考える（diSessa & Sherin, 1998）。

　p-primは現象そのものではないが，現象に比較的近い知識の構成単位として想定されている。p-primのpはphenomenology（現象）に由来している。「現象」は日常生活の中で体験されるもので，「体験できない抽象的な理論」ではない。このことは，科学的概念を作り上げる部品としてのp-primが，ゴムボールで遊んだり，いろいろなバネを伸ばしたり縮めたりしてみたりという日常の経験の中で自然に獲得されることを意味している。自明で説明なしに受け入れられ，より複雑な現象を理解し，説明するための構成要素となるという意味で，primitive（要素）になる。日常的な経験に結びつかない抽象的な概念が日常生活の中で自然に獲得されることはめったになく，意図的な教授活動によってはじめて獲得されるのに対して，p-primは意図的な学習なしに自然に獲得できるという利点がある。さらにdiSessaは，p-primをそれ自体発展していく知識として捉えている。たとえば，先ほどのspringiness（弾力性）というp-primも，物理学の学習が進むに従って，復元力やエネル

ギーの保存といった抽象的な考え方を扱えるように深まっていく。このように発展したp-primは，一方で抽象的な深い理解と結びついていながら，出自としては現象に由来しているため，現実の問題解決に直接役に立つ知識になっている。p-prim自体，柔軟な組み合わせによる理論構成が可能なので，ひとりひとりが異なる理論を作るような学習の道筋を説明するのにも使うことができる。ディセッサは実際，p-primという考え方を最初に論文にした研究の中で，物理学専攻のまじめな学生が，「ボールは床にぶつかって跳ね返る前に一瞬止まる。止まった瞬間は運動していないのだから運動エネルギーはゼロである。運動エネルギーはどこにいったのかを説明せよ」という質問に対して，「圧縮変形は変形の中に機械的にエネルギーを蓄える」とする基本的なエネルギー保存についての理解に基づく解答ではなく，「地球はエネルギーを得たら，いつかはそれを返さなければならない」など独自の理論を作り上げて答える様子を取り上げ，そこで構築された疑似理論が彼の持つp-primによって説明できることを示している。

　この事例で興味深いのは，弾力性のp-primがボールの反発の現象に対して使えなかったということだろう。もっと単純な状況，たとえば単にボールを手で押せば反発力を感じるという状況であればp-primを使えただろう。この例は，そのような状況でp-primが働くからといって，それをもう少し大局的なボールの運動の中の局所的な一時点の反発の事象を説明するために適切に使えるという保証はないことを示している。学生が物理学を理解し，物理学的な概念を獲得したといえるためには，経験を積み，新しい問題状況に遭遇した時，その問題状況を分析し，その特徴を理解することで適切なp-primを呼び出せるようになっていなくてはならない。一方でp-prim自体の発展も適切なp-primを呼び出せるかどうかに関わる。弾力性のp-primの場合，圧縮された状態で力と

エネルギーがどのような状態になるのかについての理解がより明確なものになれば，その p-prim を新しい問題状況であっても使える可能性は広がるだろう。実際，そのような p-prim であれば，そこで使われた可能性も大きいといえる。ディセッサの理論は，このように具体的な自然科学の学習プロセスを説明できる理論として，かなり強力である。

5. 学校教育から見た素朴理論の特性

これまでの 3 つの研究から，学校で科学を教える際に参考にすべきことをまとめてみよう。まず物理の素朴概念についてのディセッサの研究からは，子どものものの考え方や問題を解くプロセス，問題への解答だけでなく，どうしてそう考えるのかの理由などを詳しく検討して，彼らがいつ，どんな時にどのような p-prims を使うのかを今以上に詳しく調べていく必要があることが分かる。彼自身『学習科学ハンドブック』に寄せた論文で今後の研究課題として，「複数の異変領域において，その領域に固有の内容理解の発達について詳細な研究を続けることが重要」であり，そのような研究の結果として明らかになってくることが期待される「領域の多様性を想定した上で，共通性や独自性，妥当性を実証的に示すことが重要である」と結んでいる。

この，概念変化研究が今これだけの成果を集大成として見せ始めているにもかかわらず，そのほんとうのプロセスにもう一歩迫る必要があると感じているのは，稲垣も同じであるようだ。彼女は，彼女自身が 2011 年にゲスト編纂した『心理学評論』の概念変化特集号に寄せた論文の中で，特に大人が日常的に使う生物学概念の実態について今後さらに深い考察が必要であることを指摘している。その「ゴール」がはっきりしないと，ヴォスニアドゥがやったようなモデルの想定も難しいからだ。さらに彼女は同論文の「概念発達研究の教育への示唆」と題したセクショ

ンの中で，生物学的理解の発達には多様な道筋があることを明らかにしてきたのは社会文化的文脈における概念変化研究だったことを指摘して，現場で有効な教授方法や学習活動をデザインしてその効果を確かめる実証実験を盛んにするには，今後，発達研究者と教育研究者が協力の度合いを強めることが望まれると結んでいる（稲垣，2011）。今後，こういった研究の成果を，教室での子どもたちひとりひとりの学びにどう結びつけていくかが，私たちの実践的な研究のテーマになるだろう。

引用文献

diSessa, A.(2006) A history of conceptual change research. In K. Sawyer (Ed.), *The Cambridge handbook of the learning sciences*, Cambridge UP, pp. 265-281.（「概念変容研究の歴史―道筋と断層」森敏昭・秋田喜代美監訳『学習科学ハンドブック』培風館，pp. 205-219.）

diSessa, A. A., & Elby, A., & Hammer, D.(2002) J's epistemological stance and strategies. In G. Sinatora and P. Pintrich (Eds.), *Intentional conceptual change*, Laurence Erlbaum, pp. 237-290.

diSessa, A. A., & Sherin, B.(1998) What changes in conceptual change?. *International Journal of Science Education, 20*, pp. 1155-1191.

波多野誼余夫・稲垣佳世子（2006）「概念変化と教授」波多野誼余夫・大津由紀雄・三宅なほみ編『認知科学への招待2：心の研究の多様性を探る』研究社，pp. 95-110.

Inagaki, K., & Hatano, G.(1991) Constrained person analogy in young children's biological inference, *Cognitive Development, 6*, pp. 219-231.

Inagaki, K., & Hatano, G.(1993) Young children's understanding of the mind-body distinction, *Child Development, 64*, pp. 1534-1549.

稲垣佳世子（2011）「生物学の領域における概念変化」『心理学評論』54，pp. 232-248.

稲垣佳世子・波多野誼余夫（2003）『子どもの生物概念の発達』金子書房

ピアジェ，J.（1929；1955）『児童の世界観』同文書院

Vosniadou, S., & Brewer, W. F.(1992) Mental models of the earth : A study of conceptual change in childhood. *Cognitive Psychology, 24*, pp. 535-585.

Vosniadou, S.(2007) The cognitive-situative divide and the problem of conceptual change. *Educational psychologist, 42*, pp. 55-66.

Vosniadou, S.(Ed.)(2008；2013) *International handbook of research on conceptual change*, Routledge.

Vosniadou, S. Vamvakoussi, X., & Skopeliti, I.(2008) The framework theory approach to the problem of conceptual change. In S. Vosniadou, (Ed.), *International handbook of research on conceptual change*, Routledge, pp. 3-34.

6 対話で理解が深化する仕組み

三宅なほみ・三宅　芳雄

　5章では，子どもたちが日々の経験を積み重ねて，明日起きそうなことを予測する経験則についていくつかの研究例を見てきた。学校教育のひとつの目的は，こういう経験則が素朴で，学校で教えたい科学的なものの考え方と違う時，どうやって彼らの素朴理論を科学的概念に変えていくのかを具体的にはっきりさせることである。第5章の冒頭でも触れたように，科学者は最初から科学的な理論を持てたと考えるのはむしろ不自然で，彼らも子どもたちと同様，日常的に経験できることから次の現象の予測のための経験則を作り，それらをたくさんの人たちの間で突き合わせながら，事の真実に近いよりよい経験則，適用範囲のより広い経験則，より抽象的な科学的理論に作り変えていったと思われる。この概念変化の仕組みを支えているのは，人と人との間の対話と，そこに起きる建設的な相互作用である。この章では，実は人が，問いを共有した時，その問いへの答えとしてそれぞれが考える案を交換し合うこと，言い換えれば知的な解を求める対話の中で，自らの賢さの質を上げていける仕組みを紹介する。その仕組みのことを建設的相互作用と呼ぶ。この仕組みが今，学習を扱う科学の中で「協調的学習過程」として注目を集めている。いわゆる「協調学習」である。第Ⅱ部では，その具体的な姿を探っていく。

1. 知識や理解は社会的に構成されるとする考え方：社会的構成主義

　人は，他人と話し合っている途中で，2人ともよく分かっていないことがらについて，新しい見方や考え方に気づいていくことがある。片方が「知っていること」を「教えてくれる」から，もう1人も「学ぶ」のではなく，2人とも知らないことを，どちらも1人ずつそれぞれ「分かる」ようになる。なぜこういうことが起きるかというと，対話の中にひとりひとりが自分の考えを変えていく仕組みが組み込まれているからであるらしい。たとえば考えていることを人に説明しようとすると，思っていたほどはうまく説明できず，まだ分かっていなかったところに気づいて，自分で考え直したら前よりよく分かってきた，ということもある。逆に，他人のいうことがそれまで自分では考えつかなかったヒントになって，自分の考えを変えやすくなることもある。しかも，その場で起きていることは「経験や思考をことばで表現すること」だから，ことばを使って自分の考えと他人の考えを統合したり，その場で起きていることや考えついたことを少し抽象化したりすることができる。

　こうやって社会的な関わりの中で自分の知識や理解が深まるとする考え方を社会的構成主義と呼ぶ。この章ではまず，2人の高校生が協力し合って加速度の意味を理解していく過程を詳細に分析した研究（Roschelle, 1992）を取り上げ，社会的構成主義という考え方がどのようなものかを簡単に紹介しよう。その後，理解が社会的に構成される過程を詳しく調べた2つの研究，2人が話し合いながらそれぞれ「ミシンはなぜ縫えるか」を見出していく発話記録を分析して，理解の過程を明らかにしようとした研究（Miyake, 1986）と，折り紙を使った簡単な計算問題を1人で解いてもらうのと2人で解いてもらうのでは，その解き方

（プロセス）と答え方にどんな違いがあるかを分析して，2人の間の，ほとんどそれと意識されない役割交代の機能をはっきりさせた研究（Shirouzu, et al., 2002）を取り上げて，社会的構成の仕組みを考えてみよう。

　ロシェルは，学習場面での2人の話し合いが概念変化を引き起こす過程を分析して，次のような結論を引き出している（Roschelle, 1992）。彼の分析によれば，複数の参加者がいるひとつの協調的な学習環境では，多様な視点からさまざまな表現が発言，身振り，図といった形で提供され，これら多様な表現に対して内省が起こる。この考え方は「収斂説」と呼ばれている。2人が協力しながら問題を解く場面で理解が深まるのは，参加者がある共通した理解を求めてそれぞれの考え方を収斂させようとするからだ，ということになる。

　ロシェルによると，協調的な理解深化過程は，
・参加者が他の参加者への説明のために発話や図示，ジェスチャーなど，外化表現を自然に行い
・その意味を互いに了解しようとして，表現を繰り返し呈示，確認，修正する中で
・徐々に抽象的な理解が可能になり
・しかも，より高度なレベルでの了解（収斂）のために，どのような証拠が根拠に値するかについての判断基準も上がる

と説明されている。

　実際こうしたモデルは学びが進むにつれて少しずつ変わっていった。その変化にはたくさんの要因が貢献していただろう。まずはその場に2人が自然に使っていたジェスチャー，学習用シミュレータの画面上でのボールの動き，実際にその学習システムを操作して生じる理論的な結果を目に見える形で提供する機能，それらを説明する2人の少しずつ異な

る複数のメタファーなどその場に出されるデータがあった。加えて、それらデータを解釈して発話、表現する役割と、その発話内容をデータに即して解釈しようとする聞き手の役割とが相補的に生じることで協調的理解深化が可能になったと考えてよいだろう。

2. 建設的相互作用論

　今度は、対話に参加しているひとりひとりがどんな役割を果たしていると理解が進むのかなど、詳しい仕組みを探った研究を見てみよう。三宅、白水らは、ミシンがどのようにして縫えるのか、また1枚の正方形の折り紙の「2／3の3／4」または「3／4の2／3」に斜線を引くよう求めた時の答えはどうなるか、などを問う課題を利用して、参加している個人が「一緒に考えている」つもりでも、実際にはひとりひとり自分なりの課題理解をし、自らの経験に基づいた視点でその場に提供されるさまざまな外的資源を利用し、最終的には自分ひとりの納得を得ている過程を明らかにしてきた。以下、研究1でミシンが縫える仕組みの理解を扱った研究（Miyake, 1986；三宅, 1985）、研究2で折り紙を使った計算を扱った研究（Shirouzu, et al., 2002）の内容を追ってみよう。

(1) 研究1　ミシンの縫い目はどうやって作られるのか

　ミシンが縫う機械だと知ってはいても、その仕組みを詳しく説明できる人は少ない。ミシンを使った経験があれば、上糸と下糸が絡み合って縫い目を作ることは知っていても、ではその絡み合いが実際にはどう作られるのかと問われると、途端にものごとははっきりしなくなる。縫い目は、1本の輪の中をもう1本が貫通する形をしているが、縫っている途中で両端に端のない2本の輪からこの形を作るのは不可能である。なぜミシンではこの不可能が可能なのかという問いが、この縫い目問題の

核になる。

　この研究では，ミシンについて，普段から使っている人，修理までしたことがある人，ミシンは使わないが問題解決のプロ，普通の学生などいろいろな人を集めて2人ずつ組にし，ミシンの縫い目はどうやってできるのか納得のいく説明を作ってほしいと依頼した。もっとも詳しく分析したのは，ミシンは物理的に不可能な機械だと主張していた大学院生とかつて平和部隊でアフリカの村に滞在し学校の先生等をする傍ら村の人に頼まれてミシンの修理等もしていたという客員研究員の2人のペアだった。このような人たちに一緒に考えてもらうと，各々が自分の考えを相手に説明しようとするので，豊富な言語記録がとれる。その言語記録を分析して，この2人の理解の過程を詳しく追ってみた（Miyake, 1986）。

　やり方としては，2人に針も糸もついていない1台のミシンを渡し，「2人で話し合いながらミシンがなぜ縫えるのかという問いに対して，2人とも納得できる説明を作って下さい」と依頼した。紙やボールペンなどは自由に使えるようにしてあった。どちらが先に話すか，どの程度会話するかなどもすべて2人に任せ，実験者はその様子を音声とビデオの記録に撮った。時として協力者から「毛糸，ないですか？」など頼まれることもあったが，その時にはできるだけ希望に応じるようにした。また，2人がある程度互いに納得できる説明が作れるようになったと感じられた段階で，ドライバーを渡し，ミシンの床板を外してボビンと針の動きを見てもよいと告げた（実験した3組はどれも実際床板を開けて中を見た）。説明は，紙の上に図を描く等の形で作ってもらい，物理的なモデルを作ることまでは求めなかったが，2組で毛糸や録音のため胸につけていたマイクのケーブルを使って2本の糸の動きをシミュレートする等の行動が見られた。録音した発話はすべて起こして言語記録簿を

作り，2人が残したメモやビデオと同期させて，「あれ」「これ」「こっち」「あっち」などの指示語が何を指しているかを同定した。

　言語記録簿の分析のためには，2つの枠組みを作成した。理解の過程と内容についての枠組みである。理解の過程については，一種の社会的理解のモデルとして，「分からない」状態から「分かる」状態に移る間に参加者ひとりひとりが次の5つのステップを踏むと想定した。
① 　ある事物や物事が果たしている機能の1つを「同定」する
② 　同定した機能について，その仕組みを「疑問視」する
③ 　仕組みをより詳しいレベルでの機能のつながりとして「探索」する
④ 　説明の候補になる機能のつながりを「提案」する
⑤ 　提案した説明が十分正しいかどうか「確認」する

　実験ではまずミシンについて「縫う」という機能を「同定」し，その仕組みが分からないことを確認して「疑問視」してもらうところから観察を始めた。そうすると，参加者はそれぞれ，「縫い目は，上から来る糸と下から来る糸が絡んで出来上がるらしい」など，縫うという機能そのものが，もう一段階下のレベルの3つの機能（［上糸が上から来る］［下糸が下から来る］［2本が絡む］という3つの機能）の組み合わせだという説明を作る。この説明は，「縫える」という機能を支える下位の機能の組み合わせになっているので，これを「機構（メカニズム）」と呼んでおく。つまり，ある機能の説明を探索するということは，その機能を実現しているより下位の機能の集まりを機構として取り出すことに当たる。そのうち「これ」という機構が見つかれば，それが説明として提案され，提案のもっともらしさが十分確かめられると「確認」が起きて，1つの「納得できる説明」が得られる。この時，一人の「探索」や「提案」「確認」などひとつひとつが相手にとって即納得できるものとは限らないので，上記すべての段階で相手に対する「質問」や「批

判」という6つ目のステップが起き得る。

　これとは別に，ミシンの縫い目問題そのものについて，一応典型的だと考えられる理解の内容の枠組みを用意した。ものごとが果たす機能がどのようにして起きるかの説明は，今述べたように，ひとつ詳しい下位レベルの機能の集まった機構として実現されるので，解答も機能が一段下のレベルの機能の集まりで表現されるような段階式のモデルになっているだろう。機能を［　］ではさみ，その集まりの機構を【　】ではさんで示すと，ミシンが［縫える］機能は，その一段下の【［上から上糸が来る］＋［下から下糸が来る］＋［上糸と下糸が絡む］】という機構として表現できる。この機構が見えてくると今度はこの中の1つの機能，たとえば［上糸と下糸が絡む］という機能を「同定」してそれがどのような仕組みで起きるのかを「疑問視」することができる。この教科書の最初で触れた，ある程度分かってくると質問できるという話も，その裏にこういう仕組みがあったと考えると納得がいく。

　実際，ミシンの縫い目問題には，このようにして機能の疑問視とその説明のための機構の構成が6段階続く階段型の「機能機構階層（Functional Mechanism Hierarchy）」モデルを準備した。そのうえで参加者ひとりひとりの発話について，それが機能機構階層モデルのどの段階の，認知行動としてはどのステップに当たるものかをコーディングして，いつ，誰が，どの段階でどんな認知的行動をしたかを6段階の機能機構階層モデル上に「理解の遷移」として書き込んでいった。この遷移図を見て，理解とは何か，人が2人で一緒に理解を深めようとしてある程度2人とも「分かった」という最終段階に到達した時，そこに何が起きて2人をそこまで導くのかを分析した。この分析の詳細は，Miyake（1982），Miyake（1986），三宅（1985）などに詳しい。

　ここまでの結果をごく簡単にまとめると，次の3つになる。まず理解

の過程についての結果としては，人の理解の過程が「分からない」状態から「分かる」状態に遷移して終わるのではなく，むしろ「分かる」状態から次の「分からない」状態に遷移することによって無限に深くなる，あるいはそうなり得ることが確認された。学習への動機づけが「学ぶことの成果」として位置づけられるのは，このような理由によるだろう。ところで，この実験は，2 人が 2 人とも十分分かったと思えるまで続けられた。なかには中断もはさんで 4 時間もかかったものもある。いくら「分かった」状態が次の「分からない」を引き出すといっても，もし他人がいなかったら，これほど長く理解しようとする努力を続けはしなかっただろう。一緒に考えてくれる他人がいることは，自分の知識をしっかりしたものにするというエネルギーのかかる作業をうまく動機づけてくれる。その意味でも知識を深める動機づけは，社会的なものだといえる。

　2 人が協調して理解しようとする過程に参加するひとりひとりに焦点を当ててみると，2 人一緒に考えても，ひとりひとりにはそれぞれ別の理解プロセスがあり，互いが自説を提案する課題遂行者と，相手の説を解釈して取り込もうとするモニターとの役割を交代しながら，それぞれの理解を深めていくことが分かってきた。モニターは単なる聞き手ではなく，モニターとして自分自身の答えを探している探求者であり，2 人がこの役割を交代することによって，互いに相手の考えを取り入れて自分の考えの枠を広げるチャンスを得ていた。これが 2 つ目の結果である。

　ミシンの縫い目の問題に関しては，上述したように 6 段階の理解レベルを設けて分析したが，同じペアでも，それらのレベルを降りていくタイミングが違う。各々が別のレベルにいて平気で一緒に話している。しかし 2 人のレベルが違うので，相手のいっていることがすぐには了解できず，互いに相手に「質問」したり「批判」したりする。結果のもうひ

とつは，この「質問」や「批判」が，レベルの浅い方から深い方に対してよく起きるということである。「分かっていない」人が，より「分かっている人」に対して「その説明では分からない」「筋が通らない」「論理的でない」などと批判する。2人が同じレベルにいる時や，深いレベルに先に到達した人からの質問や批判は，ほとんど見られなかった。これも，分かってみれば当たり前のこととも言える。なぜなら，相手が自分の理解を超えて先のレベルのことを説明している時，取り残されている方は，その説明が分かるはずがないからだ。しかも，本人たちは互いのレベルが違うことに気づいていない（これは別の言語分析で確かめてある）から，「分からない」ことをいう相手に対して「分からない」というのは当たり前ともいえる。「分からない」といわれた本人は，ほとんどの場合，自身の考えを見直してさらに分かろうと努力する。このやりとりが，2人を長時間にわたって「分かる」「分からない」のサイクルを踏ませる。「正解」が2人の外に用意されていて，2人のうちの1人がそこに到達したら終わりという設定になっていたら，2人で一緒に問題を解くプロセスのメリットは大幅に少なくなっただろう。

(2) 研究2　折り紙を使った計算

　人は，1人では自分の初期仮説に固執し，うまくいった解法を繰り返すにとどまりがちだが，2人以上いると，さまざまな解法を出し合って一般解に到達しやすい可能性がある。そういった過程が生じやすい理論的な根拠はあるのだろうか。この問いに答えるため，ここでは単独と協調での問題解決過程を比較した実験室研究を紹介する (Shirouzu, et al., 2002)。実験に用いた課題は，折り紙と鉛筆を渡して「この折り紙の3／4の2／3の部分に斜線を引いて下さい」と頼むものだった。折り紙を折るなど直接変形して解を得てもよく，また「3／4×2／3」を計

算して1／2の部分に斜線を引くこともできる。多様な解法を許容する特徴を持った課題である。

　250名以上の大学生を対象に単独でこの課題を解かせた場合，9割以上の実験参加者が計算せずに折り紙を折ったり目盛ったりして解決した。第一試行に「3／4の2／3」の部分に斜線を引く課題を課し，第二試行に分数の順序のみ「2／3の3／4」と逆にした課題を課しても，2割しか計算解法への移行は生じなかった。

　折り紙を利用した参加者の解決過程を詳細に分析したところ，「3／4を作ってからその2／3の部分を作る」という2段階の手間をかけた解法をとりがちなことが分かった。参加者は，解決の途中で4等分にたたんだ折り紙をいったん開いて，あたかも3／4ができていることを確認してから3等分するなど，折り目という解決過程の外化結果を積極的に利用して解法の正しさを確かめていると解釈できた。ここから分かることは，単独での解決は，「2ステップで課題を解く」という初期仮説に基づき，折り目という外化結果を使いながら課題を解いていけるため，逆に，出来上がった解を見直すことはせず，その結果，第二試行でも自分の解法は変えなかったと考えられる。

　これに対して同じ課題を2人で解かせると，解いているうちに計算で解けることに気づくものが多かった。単独で解いている場合，これに気づくのは2割以下だが，2人で解く場合にはほぼ7割が第二試行で計算に移行している。しかも移行する場合，ほぼすべてのペアが第二試行開始直後に計算して答えを出しているので，単独とペアとの違いは，最初の課題を解くプロセスの中にあるだろう。たとえば，2人で解くプロセスの中に，具体的に折り紙を折る経験を段階的に抽象化するメカニズムが内蔵されていれば都合がよい。そのような視点で各ペアが第一試行で「3／4の2／3」課題に取り組んでいた時のプロセスを追うと，そこ

でもミシンの縫い目課題で見られたような課題遂行者とモニターの役割交代が起きていて，その両者が互いに相手の視野を広げるような発話をして紙を直接折って答えを出す経験から，計算で解くより抽象度の高い解法へと徐々に表現を変化させている様子が見出された。

　その例を追ってみよう。まず課題遂行者として折り紙を手にとった1人が折り紙を4等分し，その折り紙を開いてから自らのプランに基づいてその3／4の部分を3等分しようとする。すると，この過程を見ていたモニターが，折り紙についている折り目を客観的に見て，これから3等分すべきところがすでに3等分されていることに気づき，それを課題遂行者に伝える過程が頻繁に観察された。

　つまり，ペアで問題を解く協調場面においても，人はまず外的な認知リソースを用いて手続き的に問題を解こうとはする。だが，そこで1人が課題遂行者として積極的に解決に従事すると，上の例に示されているようにもう1人はその過程をモニターとして少し広い視野から客観的に見直さざるを得ず，それが解の抽象度を高めることに貢献する。この役割分担は固定的ではなく，上記の例でもこれから3等分すべきところがすでに3等分されていることに気づいたモニターが課題遂行を交代して折り紙をとり，その4等分された3つ分のうちの2つを指して「（ここに）2／3ができている」という発言をすると，その場ではモニターになっている最初の課題遂行者が折り紙全体を見ているかのように，その2／3が全体の1／2に当たることに気づいて，「それなら答えは折り紙全体の半分に当たる」と発話するといった役割の交代によるさらなる理解の抽象化が起きる。このように，協調過程には，具体的なその場の問題解決経験を微妙に異なる視点をとりながら見直し，互いに説明し合うことで抽象化するメカニズムが内蔵されているといえるだろう。

以上紹介した2つの研究をまとめてみよう。いずれも2人で一緒に考える場面の方が，1人で考えるよりひとりひとりの理解が進む様子を明らかにしている。この参加者ひとりひとりにとって，確実に各自の理解が深まるような相互作用を「建設的相互作用」と呼ぶ。人と人との相互作用は，原理的には建設的になり得る。その意味で，人は，コミュニケーションを通して学ぶ潜在的な能力を持っているといえるだろう。建設的相互作用を教室で引き起こすことができれば，そこには潜在的に児童生徒ひとりひとりの学びの質を高める可能性がある。この視点から改めてロシェルの研究を見返してみると，そこでは「2人」がまとめてみた時に徐々に表現を抽象化し，概念を変化させていく様子が強調されていた。しかし詳しく見ると，そこでもロシェルの2人の実験協力者はかなり長い間それぞれ力学的な分かり方と数学的な分かり方を「自分の分かり方」として大事にして，その意味で課題遂行とモニターの役割を交代しながら，全体として，課題の解き方とその解き方の良し悪しの評価の抽象度を高め，加速度を理解していったということもできるだろう。ロシェルが分析したケースの中にも建設的相互作用が起きていたといってよいのではないか。

　こういった，人が対話を通して学ぶ仕組みが分かってくると，児童生徒がその仕組みを使って学ぶ学習場面を設計することができる。その様子は，第Ⅲ部で見ていくことにしよう。

引用文献

Miyake, N. (1982) Constructive interaction, Ph.D. Dissertation submitted to

Department of Psychology, University of California, San Diego.

Miyake, N. (1986) Constructive interaction and the iterative process of understanding. *Cognitive Science, 10*, pp.151-177.

三宅なほみ（1985）「理解におけるインターアクションとは何か」佐伯胖編 『認知科学選書4　理解とは何か』東京大学出版会，pp.69-98.

Roschelle, J. (1992) Learning by collaborating: Convergent conceptual change. *The Journal of the Learning Sciences, 2*, pp.235-276.

Shirouzu, H., Miyake, N, & Masukawa, H. (2002) Cognitively active externalization for situated reflection. *Cognitive Science, 26*, pp.469-501.

第Ⅱ部　自然な学びが起きる場と，そこで起きる学びの形

　第Ⅰ部では，人が小さい頃から大人になっても，ずっと日常的な生活の中で，経験を積んだり，見つけた問いに答えようとしたり，人と対話したりする中で自らの賢さを育て続けていくものだということを確認してきた。わたしたちが「教育」を試みる時，言い換えれば「人の賢さを引き出そう」とする時，頼りにできるのはこういった「人が自ら賢くなる基盤」である。今教えや学びがうまくいっている場面では，こういう仕組みがうまく活かされているだろう。だとしたら，わたしたちの身の回りで自然に起きている学びの現場からうまくいっていると感じられる現場を選び，そこで「賢さの育つ」様子を詳しく観察し，その中から教室でも使える原理を抽出できれば，そういった原理を使って学校での子どもたちの学びをデザインすることができそうである。第Ⅱ部では，このうまくいく学びの原理を探しに，人の賢さがうまく育てられている場で起きていることを見ていこう。

7　遊びから学ぶ

三宅なほみ・三宅　芳雄

　第Ⅱ部最初の第7章では，遊びから何が学べるかを見てみよう。人は，大人でも子どもでも遊んでいる最中にいろいろ学んでいることが多い。実際子どもたちは，大人から見ると遊んでいるように見えている時，たくさんのことを学んでいる。ここでは，そういった学びが起きている場を取り上げて，そういった場での子どもの動きや子どもたちが交わしていることばを分析して，そこに起きている学びの過程の姿を明らかにしようとした研究を参考に，遊びから何が学べるかを考えてみよう。こうやって詳しく検討してみると，子どもたちは遊びの中で，言われた通りのことをするのではなくいろいろ創

意工夫をしていて，そこから学んでいる様子がうかがえる。創意工夫がし易い遊びは，学び方そのものの学びにも影響することも見えてくる。

1. 学びを促進する遊び

　好奇心と学びはどう関係しているだろう。好奇心があれば，自分から進んで工夫して遊んでみて，その経験から学ぶかもしれない。稲垣は，このことを東京都内の幼稚園児を対象にした一連の研究で明らかにしている（波多野・稲垣，1971：1973）。

　まず，幼稚園の先生に，好奇心の強い子かそうでないかをどうやって見分けているか詳しくたずねてみると，先生方は，「いつも忙しく遊んだり，動いたりしている」「変わったこと，おもしろいことはないかと注意を怠らない」などの傾向が強い子を好奇心が高いと考えているらしいことが分かった。そういう子は概して言語能力も高い。その影響を取り除いても，幼稚園時代に好奇心が高いとされた子どもの方が，小学校1，2年次の学業成績がよかったという調査結果もある。さらに別の研究では，いくつかのおもちゃを次々に与えて，子どもごとにそのおもちゃをどの程度長く，よく調べるか調べてみた。新しいおもちゃを手渡されると，いろいろにいじりまわし，よく調べようとする子どもがいるかと思うと，すぐに放り出してしまう子どももいる。この違いは，子どもの世界モデルの作り方にどう影響するだろうか。この問いを幼稚園で，電磁石を使って遊ぶ課題で調べたのが次の研究である。

　この課題では，まずテーブルの上に子どもの関心を比較的引き易く工夫されたもの，たとえば見かけは同じような色をしているのに，一方は電磁石につき，もう一方はつかないコインや鎖，同じような外見をした

紙袋2つ（一方には紙，もう一方にはクリップが入っているので後者のみ電磁石につく）などを置き，子どもに「どんなものが電磁石に吸いつくか」自由に試してみるよう頼んだ。

　実際やってみると，しばらく試してすぐやめてしまう子もいたが，ひと通り試し終わってからもとの事物に戻り，長い時間をかけて何回も試す子どももいた。そういう子は同じものを何度も裏返したり，ものの上下左右いろいろな側面を試すなど，やり方も工夫している様子が観察された。なかにはひとりで40分も試していた子どももいたという。この課題は，子どもの好奇心を引き易く，かつ好奇心の違いを行動から端的に見てとることのできるすぐれた課題だったといえるだろう。

　結果をまとめると，この事態でも探索を熱心にやる，事物に対する好奇心の高い子どもは，探索を通じて学習することも多かった。子どもたちが電磁石遊びを終えた時点で，どんな事物が電磁石に吸いつくかをいろいろな仕方で聞いてみたところ，探索を多く行った子どもたちの方が，どんなものが電磁石につき，どんなものがつかないのか正確に答える傾向があった。

　この磁石遊びは，子どもが，自由に好きなだけ磁石で遊んでいられるという意味で，日頃の遊びの場面に近い。大人からこれをしろ，あれをしろ，と強制されるわけではない。ということは，ここでの結果から，好奇心の高い子どもは，より活発に環境を探索することによって，知能の発達も促進されていく可能性が高いといえるだろう。好奇心ややる気があることは，長期的に見ると，学びを促進させるうえでも，とても大切なことなのだと考えられる。

2. 保育園で，みんなと一緒に考えながら学ぶ

　保育園の先生が紹介している例に，「子どもがみんなで氷を作りたいと思っていろいろ試してみて，そこで起きたことを話し合っているうちに，どういう時に氷ができるのかかなりしっかりした理解ができるようになった」という話がある（本吉, 1979）。この活動は，1人の子どもの疑問から始まって5歳児全員を巻き込み2週間も続いたという。最初から全員が1人の子の疑問を，その子と同じように疑問に思っていたということは考えにくいから，この子たちの長続きした知的探索活動は，仲間がいること，社会的に1つの疑問にみんなで答えを出してゆくことが外的な刺激となった，いわば社会的に動機づけられた子どもたちの活動だったといえるだろう。これはその意味で，動機づけが社会的に生み出され，その結果として子どもたちが深く考えた例だといってもよいだろう。

　ある日保育園のプールの水が凍って，子どもたちはその氷で遊んでとても楽しかったらしく，なんとかいつも氷で遊べるようにしたい，それじゃあみんなで調べよう，ということになった。「じゃあ，帰る時，好きな容器を選んで水を入れて，好きなところに置いていって，次の朝どこの水が凍るか確かめよう」ということになって，その活動は10日近く続いた。朝，来て比べてみると，同じ青いバケツなのに，「わたしのには氷ができて，美保ちゃんのにはできない」とか，「まこと君の氷は厚いのに僕のは薄いのしかできない，どうしてなんだろう」などなど次々疑問がわく。そのうちに今日は同じ場所に置いてみよう，とか同じ容器を毎日少しずつ違う場所に置いてみる，とかさまざまな試みが出てくる。その結果子どもたちは，自分たちなりに納得できる理由を見つけようとして，「容器を部屋の中に置いておいたから外のように寒くないので凍

らなかったんだ」「容器に蓋がしてあったので凍らなかったんだ」「水が凍るかどうかは，温度と関係があるらしい」「風が吹いているかどうかとは関係がない」「砂場に埋めておくと凍らない」など，どうしたら氷ができるか，その条件をかなりはっきり特定して，自分なりに納得のいくことばで表現できるようになったと報告されている。

「みんなと一緒に遊ぶこと」が学びにつながる条件

　この活動にはいくつかの特徴がある。それらを少し整理して，そのどの特徴が社会的に子どもたちの動機づけを引き出したのかを考えてみよう。

① 　子どもたちがみんな「好きな時に氷を作るにはどうしたらいいか」という共通して「答えを出したい問い」を持っていた
② 　問いへの答えを，ひとりひとりが，少しずつ違う形で最初から持てる。つまり，子どもたちがひとりひとり「好きな」容器と「置きたい」場所を選んだ時，実は同じ場所に同じ容器に水を入れて置いておくことができないという物理的な条件が，ひとりひとりが必ずその子に独自の独立した「アイディア」を持つことを保証していた

　さらにこの場には，本吉が日頃の活動の中で子どもたちと培ってきた「みんなで意見を交換し合って一緒に考える」雰囲気が出来上がっている。そういう雰囲気が日常的にあると，その場は上の2つに加えて，次のような特徴を持っていたと考えることができるだろう。

③ 　ひとりひとりのアイディアを交換し合う場がある，言い換えれば，みんな自分のいいたいことがあって，それがいえる

④ 参加者は，いろいろなメンバーから出てくる多様なアイディアをまとめ上げると「答えを出したい問い」への答えに近づくはずだ，という期待を持っている
⑤ 話し合いなどで多様なアイディアを統合すると，ひとりひとり，自分が最初に考えていたのより確かだと感じられる答えに到達できる
⑥ 到達した答えを発表し合って検討すると，自分なりに納得できる答えが得られる

　本吉の報告書では，園児たちの発話データを見ると，この⑤や⑥が期待される程度に起きていたことが確認されている。本吉実践では，この後，園児たちが自発的に氷を溶かす遊びを始め，氷のでき方（どの容器でどこに置いたか）と溶け方の間に関係があるかを探る活動が見られたと報告されている。
　さらにこの報告書からは，この場がもうひとつ

⑦ 納得してみると，次に何が分からないか，何を知りたいか，が見えてくる

という特徴を持っていたことがうかがえる。ひとりの園児が，「発泡スチロールの箱は，なかなか氷ができないのに，なんで氷が速く溶けないの？」という疑問を持ったそうである。この子にとっては，＜氷ができにくいこと，すなわち氷と相性が悪いこと＞だろうから，一番氷ができにくかった発泡スチロールの箱の中に入っている氷は，一番さっさと溶けるはずという考えだったのだろう。大人には多少奇妙に見えても，この問いの立て方はちゃんと筋が通っていて，⑦の成果だともいえるだろう。この疑問が子どもたちの間で共有され，その結果上に書いたように，

今度はどうやったら氷が溶けるかを競う遊びがはやったという。遊びが次の遊びを引き出している。子どもが遊びから学べるなら、これは、学びが次の学びを引き出していると言えるだろう。

3. 動機づけはご褒美で育てられるか

　学びへの動機づけは、個人的なもの、内在的なものだと考える人も多い。心理学では「もともと好き」「理由はうまくいえないけれど興味がある」というような本人に内在した動機づけを内発的動機づけ、賞とかご褒美のような本人の好みや興味に関係なく外から与えられる動機づけを外発的動機づけと呼んで区別してきた。しかし、これまで見てきたように個人の理解の過程が多様であり、社会的なものも含めたその場その場の状況に対応する柔軟なものだとしたら、動機づけもまた他人や文化との相互作用を通して生まれてくるものであったり、育てることができるものであったりするかもしれない（稲垣・波多野, 1989）。たとえば、自分が内発的に好きなことをやっている時、いわば「遊んで」いる時にそれを他人から外発的にほめられると、もっとどんどん自分で進んで努力できるようになるものだろうか。

　これをレッパーたちは以下の実験で調べた（Lepper, et al., 1973）。幼稚園児は大抵絵を描くのが好きなので、幼稚園で実験した。まず子どもたちを2つの組に分けて、それぞれ1人ずつ小さな部屋に来てもらった。1つの組では子どもたちに「絵を描いてほしいの」と伝える。もう1つの組の子どもたちには、「絵を描いたら見せて下さい。よくできたらご褒美をあげます」と伝え、実際絵を描いて持ってきてくれたらご褒美をあげた。先のもう1組の子どもには、何もあげなかった。ご褒美といってもボール紙を丸く切り抜いて色を塗っただけのもので、こちらの組の子どもには、とにかく絵を描いて持ってきてくれたら必ずこのご褒美を

1つあげるようにした。

　このご褒美をもらう組ともらわない組とではどんな違いが起きるだろうか。ご褒美をもらわない組の子どもたちは，ふだん通り好きな時に絵を描いていた。反対にご褒美をもらえる組の子どもたちは，みんないつもよりたくさん絵を描くようになった。なかには簡単に絵を仕上げてしまってご褒美をもらうことの方に熱心になる子どもも出てきたが，とにかく絵はたくさん描くようになったという。したがって，このご褒美が外発的動機づけとして働いていたといえる。

　こうやって2週間たったところで，実験は終了した。子どもたちはもう特別な部屋に行って絵を描いてご褒美をもらうこともなくなった。そうしておいて，子どもたちがいつも遊んでいるところにあるお絵描きコーナーで，この2組の子どもたちがどんなふうに絵を描くかを観察した。そうしたところ，ご褒美をもらわなかった子どもたちの行動には大きな変化は見られなかったが，実験中ご褒美をもらい続けた組の子どもたちは，あまり絵を描かなくなったという。実験を始める前よりももっと描かなくなってしまったので，結果としてご褒美をもらわなかった子どもたちよりも絵を描かなくなった，と報告されている。

　この結果は，研究者の関心を呼び，もっと年齢の大きい子どもたちがゲームをやる時や，大学生がクラブ活動の新聞部で記事を書く時などさまざまな状況でも調べられ，一般的に報酬がなくなるともともと好きだったことでも前よりやらなくなるということが分かってきた。自分が好きなことをやっている時にそれを他人からほめられると，ほめられている間はよいのだが，ほめてもらえなくなると好きだったことに対して動機づけが低くなってしまうらしい。普通学校教育では，親や先生にほめてもらうこと，テストの点数がよいことなど，ここでのご褒美に当たることが学習の動機づけになっていないとは言い難い。こういった研究

は，もともと勉強が好きな子どもに対して，テストやほめことばで「外からよけいな報酬」を与えていると，もともと好きだった勉強もやらなくなってしまう可能性があることを示しているかもしれない。

4. 学ぶための動機づけ，学ぶことによる動機づけ

あなたは，次の2つの表現のうち，どちらがより正確に人の学びと動機づけとの関係を表していると感じるだろう。

A：学習への動機づけは，人が持って生まれる内発的，内在的なもので，外から働きかけて育成するのは難しい

B：学習への動機づけは，原則として新規な経験や学習の成果として生まれるもので，社会的な関わり合いの中で育成することができる

あなたは，どちらを，どういう理由で選ぶだろうか？

この章で見てきた3つの研究を振り返ってみよう。なかには見かけ上，結果が正反対に出ているものもある。1.はもともとものを探索するのが好きな幼稚園児は小学校に入ってからも成績がよいとか，実際おもちゃで長く遊んでいた子は電磁石とコイン，鎖，中に何が入っているのか分からない紙袋などを渡されると，そうでない子に比べてそれらが電磁石につくかつかないかを時間をかけて探索し，終わった後どういうものが電磁石につくのかをうまく説明することができたという。反対に3つ目の研究は，絵を描くのが好きな園児に対して絵を描くたびに紙で作ったメダルのような簡単なご褒美を与えると，ご褒美がもらえる間はたくさん絵を描くようになったが，ご褒美がなくなると前より絵を描かなくなってしまったという。1.が動機づけの正の効果を示しているの

に対して，3.は，動機づけも扱い方によっては負の効果をもたらす結果を示している。結果は反対だがこれらを一緒に考えると，内発的動機づけは，内発的に働きやすくしておくことが学習につながるので，外からコントロールしようとしない方がよいとまとめられそうである。

これに加えて2.では，最初に疑問を持った子どもだけでなく他の子もみんなが知りたいことを共有して一緒に考えていると，そのうちに最初の疑問にひとりひとりちゃんとした答えを出すようになる経緯が示されている。1.と呼応するように，「少し分かってきた」子どもたちがその理解に基づいて新たな疑問を次々生み出していった。この子たちは「10日以上も氷作りを続け」，その挙句に，「発泡スチロールの不思議」を自分たち自身で作り出している。この経緯は，集団で取り組めたからこその「みんな答えが少しずつ違う」ことのおもしろさ，内発的動機づけが社会的相互作用の中で強まっていく様子を示しているといえるだろう。

わたしたち著者は，学びへの動機づけは社会的に作られるものであり，また社会的に育てることができる，そういう学習環境を設計する一定の指針がある，つまり選択肢のAかBどちらを選ぶかといえばBを選びたいと考えている。理由は，1.や2.の結果はAだけでは説明できないが，Bならそれだけで説明できるからである。教育の現場や支援環境をうまくデザインし，実際期待する学習を引き起こしたい時，Bを選んだ方が「働きかけられる」要因が増す。教育心理学，学習の科学は，ものごとの真実を見極めることが研究の最終的な目的ではなく，むしろ学びの実態をその状況込みで理解して，そこから得られる知見を使って今より一段理想に近い学習を引き起こせるかどうかでその真価を問うべきものだろう。2.は，遊びによって学びが促進されるだけでなく，次は自分たちが自分で学びたいことを引き出していけることを示している。

自分から学べるようになるには，自分で知りたいことを見つけられるとよい。「疑問が持てる」とよさそうである。では人がどういう時疑問がわいてくるかというと，氷づくりの保育園児たちの例が示していた通り，ものが分かってくるとそこで初めてその先にもっと知りたい疑問が生まれ出てくるものらしい。疑問が生まれれば質問もできる。質問ができるためには，何を質問しなくてはならないかが分かる程度には，既有知識があった方がよいといえる。質問を生み出すものは，単なる知識の欠落ではなく，むしろ既有の知識なのだろう。現実の生活の中では質問は社会的なもので，答えてくれる人がいて，聞くに値する質問が出てきた時，人は熱心に質問するものなのではないか。

　その意味では，学びへの動機づけは，仲間と一緒に考える遊びのような社会的な仕組みの中で育てることができそうである。この教科書でもこの後，対話など社会的な仕組みを活用した学習支援についての実践研究を紹介していく。その中で，あなた自身が学習環境をデザインする指針を作り上げていって頂きたい。

引用文献

波多野誼余夫・稲垣佳世子（1971）『発達と教育における内発的動機づけ』明治図書出版

波多野誼余夫・稲垣佳世子（1973）『知的好奇心』中央公論新社

稲垣佳世子・波多野誼余夫（1989）『人はいかに学ぶか――日常認知の世界』中央公論新社

Lepper, M. R., Greene, D., & Nisbet, R. E. (1973) Undermining children's intrinsic interest with extrinsic rewards: A test of the "overjustification" hypothesis. *Journal of Personality and Social Psychology, 28*, pp.127-138.

本吉圓子（1979）『私の生活保育論』フレーベル館

8 日常経験から学ぶ

三宅なほみ・三宅　芳雄

　第8章では，「遊び」というよりは生活の一部として「仕事」をしている子どもたちの学びを検討しよう。仕事で決まった作業をこなしている時，そこでも学びは確かに起きているはずなのだが，「ルーチンワークから学ぶ」という言い方は普通はあまりしない。それより「遊びから学ぶ」という方がまだ同意し易い。その理由は，ひとつにはルーチンワークは「教えられた通り正確に繰り返す」ことが一番大事なのに対して，「遊び」はもともと参加するひとりひとりの創意工夫が求められているからでもあるだろう。だとすると，同じ遊びでも，自然に創意工夫が求められてしまうような場になっている時，より質の高い学びを引き出す可能性がある。仕事でも同じだろうか。
　この章では，おもに認知的な関心の高い文化人類学者の研究を紹介する。まず最初に，ブラジルでキャンディやココナッツの実を売って家計を助けている子どもがどんな「算数」を学ぶのか，キャンディを売る子どもたちとココナッツの実を売る子どもたちとで学んでいることが同じか，違うかを検討してみよう。こういう比較の点から考えてみると，学校の計算練習はむしろルーチンワークに近くて，スーパーマーケットで買い物をする方がずっと創意工夫が必要かもしれない。学校で身につけたはずの計算能力は，大人になってから買い物をする時どのように役立っているのだろう。そんな研究も見てみよう。

1. 路上でものを売る子どもたちの，売り場の中での計算

　日本ではあまり見かけないが，海外に行くと，観光地で観光客が捨てたペットボトルの空いたのを素早く集めて歩く子どもたちや，キャン

ディやアクセサリ，そこでとれるココナッツの実など特産品を売っている子どもたちがいる。その中で，ここではまず，ブラジルの町中でキャンディを売る子どもたちとココナッツの実を売る子どもたちを観察した例 (Saxe, 1990は稲垣・波多野, 1989に簡潔な紹介がある；Carrahher & Schliemann, 1982はレイヴ, 1995に紹介がある）を紹介しよう。

（1）ブラジルのキャンディ売り―売り場で

　1980年代のブラジルの町では，子どもたちがキャンディを売っている姿が珍しくなかった。子どもたちは，バスを待っている人や道を行く人にキャンディを売って歩く。キャンディを仕入れ，儲けが出るように適切な値段をつけて売り，お釣りを払うなど，複雑な計算をする必要があるが，子どもたちはそれを難なくやっていた。ザックスは子どもたちを観察し，またどのように計算をして売り値をつけているのか，それをどのようにして学んだのかなどについて，キャンディを売る合間に尋ねることで調べた。以下はその一例である（稲垣・波多野, 1989）。

　ある12歳の子ども（学校経験は1年のみ）は，その日30本入りのキャンディを1箱8,000クルゼーロで卸売店から購入し，それを3本1,000クルゼーロで売っていたのだが，こんなふうに答えている。

観察者「1箱いくらで売るの？」
子ども「1万クルゼーロで売るよ」
観察者「どんなふうにして値段をつけたの？」
子ども（図8-1の箱を指しながら）「こんなふうにして数えるんだ（3本1組で1,000クルゼーロにしたものを示す）これ（3本1組のもの）2個で2,000クルゼーロ，もう2個で4,000クルゼーロ，もう2

```
              1箱30本入り    仕入れ値：8,000クルゼーロ
                            小売り値：3本 1,000クルゼーロ
```

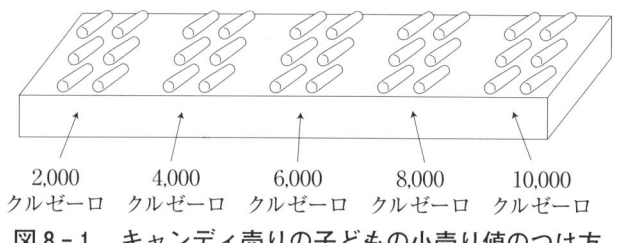

    2,000   4,000   6,000   8,000   10,000
  クルゼーロ クルゼーロ クルゼーロ クルゼーロ クルゼーロ

図8-1　キャンディ売りの子どもの小売り値のつけ方

（稲垣・波多野，1989より作成）

　個で6,000クルゼーロ……もう2個で1万クルゼーロ。3本1,000クルゼーロで売ろうと思っているので，こんなふうに数えるんだ。こうすれば箱の分全体で1万クルゼーロになる」

観察者「1箱分売ったらどのくらい儲かるの？」

子ども「1箱8,000クルゼーロで買って，それを1万クルゼーロで売るんだから，儲けは2,000クルゼーロだよ」

観察者「いい儲けだと思う？」

子ども「まあまあというところだね。2本1,000クルゼーロで売ればなかなか売れないだろうし，4本1,000クルゼーロで売れば損しすぎてしまうから」

観察者「こんなふうにしてキャンディを売ることを誰が教えてくれたの？」

子ども「だれも教えてくれないよ。自分で考えたのさ」

　この研究がなされた1985年当時のブラジルでは，義務教育であっても学校に行かない子どもたちもたくさんいた。キャンディ売りの子どもたちの中にも学校に行かなかったり，途中でやめてしまったものもたくさ

んいた。それでもこのような値段の計算はよくできた。ザックスはキャンディ売りの子どもたちがどのような計算ができるのか、いろいろな問題を解かせ、さらにキャンディ売りをしていない子どもと比べることで、その技能の実態を体系的に調べた。

　紙幣についての知識は、キャンディ売りの子どもとそうでない子どもと大差がなかった。100クルゼーロから10,000クルゼーロまで、6種類の紙幣についてどれがいくらの紙幣か正しく言い当てることができた。さらに紙幣のどこで判断しているのかを調べると紙幣の金額の数字ではなく、むしろ図柄で判断しているらしいことが分かった。金額の数字をテープで隠しても判断できるのに対して、数字だけを見せるといくらの紙幣かが判断できない子どもが多かった。どちらの紙幣の額が大きいのかの、その大小判断についてもよくできた。

　一方、お金についての足し算や引き算については、キャンディ売りの子どもたちの方が、そうでない子どもたちよりもずっとよくできた。たとえば、紙幣を12枚渡して、その合計金額8,600クルゼーロをいわせたり、1箱3,800クルゼーロのキャンディを買って5,000クルゼーロ払った時のお釣りがいくらかなどの問題では、キャンディ売りの子どもたちの方がよくできたし、計算の仕方もよく知っていた。「28+26=」のような計算では、キャンディ売りの子どもたちは計算し易いように、まとまりを作って計算した。たとえば、(20+20)+(8+6)のように、分かり易く計算し易いように数を分解し、それを合成することで計算する場合があったが、これはキャンディ売りをしている子どもの方がそうでない子どもより3倍もそうする頻度が高かった。

　比率が関わる計算についても、キャンディ売りの子どもたちはよく理解していた。「キャンディ1本200クルゼーロで売る時と、キャンディ3本500クルゼーロで売る時と、どちらが儲けが大きいか」というような

問題に対しても，12歳のキャンディ売りの子どもは「1本200クルゼーロのキャンディ3本だと全部で600クルゼーロになる。3本500クルゼーロの方だと500クルゼーロにしかならないから，100クルゼーロ損してしまう」というような説明を与えることができた。

　子どもたちが実際にキャンディを仕入れたり売ったりする時，単に儲かるように高い値段をつければよいわけではなく，実際ずいぶん複雑なことをする必要があった。仲間の値段に比べて自分の値段が高すぎれば売れないし，1本買うときよりもたくさん買う場合は少し安くするなどこまかい値段の調整をして，しかも損をしないように複雑な計算をする必要があった。何本かキャンディをまとめて扱うことも必要だった。3本1組500クルゼーロで売った時と7本1組で1,000クルゼーロで売った時，儲けがいくらかというような計算をする必要があった。また，当時のブラジルはインフレが激しく大きな数になる金額を扱える必要もあった。

　キャンディ売りの子どもたちの中でも学校に行っていた子どももいるが，学校に長く行っている子どもの方がそうでない子どもよりもこのような計算の技能や理解の程度が高いわけではなかった。このことからも，このような計算技能は日常のキャンディを売り買いする経験の中で身につけたものであることが分かる。

(2) ブラジルの海岸のココナッツの実売り―売り場を離れて

　では次に，同時期に同じブラジルでココナッツの実を売る子どもたちについて同じような観察をしたキャラハーたちの研究を見てみよう。こちらの研究では，先のザックスの研究とはちょっと形を変えて，同じような計算を求めても，ココナッツの実について考えている時と学校で計算問題をやる時のように単に数字だけで計算してほしいと頼んだ時では，

やることにも，答え方にも違いが見られる，という話になっている。たとえばキャラハーたちは，まずココナッツの実を10個売るといくらになるかという問いで，恐らくこの子たちは一度に10個も買ってくれる客との対応を経験したことはないと思われるにもかかわらず，この問題なら解けることを以下のような会話の例で示している。売り手は小学校3年生，8歳前後である。以下，「客」とあるのは，観察者のことである。

客　　　「ココナッツ，1ついくらかな？」
売り手　「35だよ」
客　　　「10個もらおうかな，いくらになる？」
売り手　「（しばらく間をおいて）3つで105，もう3つで210になる。（また間をおいて）あと4つ要るな。ってことは……（間）315になって，……350だと思う」

(レイヴ，1995)

　10個といわれて即答していないので，おそらく10個も一度に売ることは経験したことがないのだろう。それでも，3個（もしかしたら彼の経験の中でもっともたくさん売れる時でも高々3個なのかもしれない）なら105，という答えは「確かにこれをもとにして計算できる答え」として提案される。10個は，3個に3個を足してもまだあと4個必要になることもよく分かっている。「っていうことは……315になって」といっているから，その残りの4個をまた3個と1個に分けて，当面は先ほどの210に105を足したのだろう。その結果としての315に残った1個分の35を足すと，最終的にもらうべきお金は350，ということになった。ちょっと自信がないのか，「だと思う」と付け加えているが，答えは出た。しかも，1回やってみただけなのに答えは合っている。経験豊富な

売り場という状況の中であれば，直接やってみたことがない問題でも経験を膨らませて解くことができる，ということだろう。

続いてキャラハーたちは，この同じ子に，問題の形を変えて，「35かける4」の答えを求めている。そうすると，この子は，

「5かける4は20，2を繰り上げて2＋3で5，かける4で20」

と説明し，紙には答えを200と書いたという。先のキャンディ売りの子は，学校には1年しか行ったことがないにもかかわらず，キャンディの売り買いについてなら経験したことがない問題の解き方についてでもかなり抽象度の高い，概念的といってもいい説明をすることができた。このココナッツの実売りの子も，売ったことのない10個のココナッツの実の値段を経験で確かにそうなると確信のある数字を使って，学校で教えてもらったことのない方法で自ら導き出すことができた。ところが，数字だけの問題になると，ココナッツの実の売り買いの経験が活きてこなかった。

（3）　キャンディ売りとヤシの実売りを比較する

2つの研究を見てきたが，結果が微妙に違っている。キャンディではある程度抽象度の高い比率などについての概念的な説明までができるようになると報告されていた。これに対してココナッツの実の場合は，問題を数字だけにした途端，ココナッツの実で計算すれば余裕で出てきたはずの正解が出なくなっている。この違いは，何によって説明できるだろう。一方は，同じキャンディを扱った問題でも何度も経験していることをまとめて問う抽象度の高い問題に答えられることを示している。もうひとつは，問題の難易度は変えずに，ココナッツの実という具体物に言及しないという意味で抽象度上げた場合，急に答えられなくなる，という話である。この差を，2つの要因から考えてみよう。1つは，経験

そのものの質，量やタイプの数という要因である。抽象度の高い概念を身につけるには，同じような問題でも少しずつ違うタイプの問題を数多く経験している方が有利である（これについては，学習の転移の研究として，ブランスフォード他，2002によい紹介がある）。計算についてこの側面から考えるなら，扱う数値の幅の広さや，扱う計算のタイプの幅の広さが問題になるだろう。

　まず扱う数値の幅の広さで考えると，キャンディとココナッツの実ではあまり差はなさそうである。どちらも同じ年代のブラジルでの観察なので，通貨単位が短期間で劇的に変わるなどの現象もほぼ同じと考えていいだろう。キャンディ売りの子も，ココナッツの実売りの子もどちらも「日によって扱わなくてはならない数値が変わる」ことへの対処をしていたはずだろう。もうひとつ，扱う計算のタイプについて考えると，これはキャンディの方が幅が広かったかもしれない。キャンディは，1個だけ売ることは少なくて，少なくとも3個から5個，多ければ20個程度までまとめて買ってくれる客がいたかもしれない。仕入れの際はある程度まとまった数を扱わざるを得なかっただろう。反対にココナッツの実は，1個か2個売ることの方が多くて，5個一度に売れるというのは珍しかったかもしれない。仕入れにしても，キャンディよりは少ない個数で仕入れただろう。

　こう考えると，キャンディ売りとココナッツの実売りという似たような話から，獲得される計算の適用範囲が少し異なる結果が出てくることと，具体的に扱っている問題そのものが持つ制約（1回いくつ売れるのが現実的か，などの制限）とが密接に関わっていることが分かってくる。ただ，この制約は，キャンディ売りの場合には，キャンディを売っている子どもたちが本来持っている，考える力を引き出す支援にもなっているかもしれないことに注目しておきたい。キャンディ売りの子どもたち

は，自分たちの持っている力で，客の反応や周りの友だち（ライバルかもしれない）のやっていることを観察しながら自分のやり方に取り入れ，自分自身納得のいく形で自分自身の知識や技能を整理統合して，その適用範囲を広げていく。そうせざるを得ない。具体的なものを，少しずつ違う問題として理解し，その都度正確な答えを出し，次に来るはずの課題への対処の仕方を予測できるようになる経験が，制限でもあり，また支援として，子どもたちが本来持っている社会的に学ぶ力を引き出していく。学習科学では「現実的な問題を，繰り返し，現実に合わせて解く」ことの大事さを「課題の真性性」と呼ぶことがあるが，真性性の鍵はこの社会的な支援と制限の組み合わせにあるといってもいいだろう（この考え方を社会的文化的制約という）（三宅・波多野，1991）。

　この見方も先の違いを説明する1つの要因に見える。だが，他にも違いはいろいろある。なかでも，キャンディ売りの子にはキャンディ売りのこととして新規の問題を聞いているが，ココナッツの実売りの子にはココナッツの実に言及せずに問題を与えているという違いがある。些細な違いに見えるが，この影響についても考えてみよう。キャンディ売りについての研究とココナッツの実売りについての研究の違いは，単純に問題の聞き方が違うようにも見えるが，その問題の違いで実は問題を解く時に人が使っている認知過程が異なってくることを示していたとも考えられる。

　たとえば，教育現場では，計算の仕方を習った時，その意味を考えて解くのと，単に手順を覚えてそれに習熟して解くこととの違いが問題にされることがある。「そろばん」という計算の道具があるが，これに習熟することが必ずしも計算の意味を理解することにはつながらないという波多野らの研究は，その典型例だろう。そこでは，全国大会に出場するようなそろばんに強い中学生に「そろばんを使って7進法の計算の仕

方を考えてほしい」という問題を出したところ，そろばん自体が5進法を応用した計算原理を使っているといえるにもかかわらず，満足な回答をすることができなかった，と報告されている。

こういった研究では，多くの場合，計算の意味を理解するのには自分たちで自発的に問題を作って解いてみたり，答えではなく解き方そのものについてどんなものがあるか，またどの解き方が有利かなどをいろいろ検討してみたりすることの効果が大きいことが示されている。たとえば，シュワルツとマーティンが中学生を相手に統計の基礎としての標準偏差の考え方について，ある程度自分たちで考えた後，具体的な解き方とその手順を説明して何度も練習させるのと，最後まで答えに到達できなくてもずっと自分たちで考えさせるのとを比較したところ，テストの時に「考え方のヒント」をうまく使うことができたのは後者の方だったという研究報告もある（Schwartz & Martin, 2004）。教育心理学が研究しなくてはならないテーマは，路上計算のような学びが起きている現場から見えてくることを，教室などわたしたち自身が作り出すことのできる場面にどう移しかえて，実践して，その成果を確かめていったらいいかを考えていくことだろう。

2. 長期にわたる経験に支えられる計算
―スーパーマーケットでの計算

こうやって物を売る経験からでもうまくやればたくさんのことが学べることが分かってくると，今のわたしたちのように学校にいる間はいわゆる「計算問題」をたくさんやるが，その後毎日の生活の中では「学校で習ったような計算」をすることはほとんどない人の計算能力はどうなるのか，という疑問がわいてくる。

学校を出てからほとんど「数学的」な問題は解く機会がないという人

でも，スーパーで買い物をしたり銀行からお金を借りて金利計算をしていたり，料理や日曜大工をするために単位換算や空間図形を扱っていたりするなど，数学的といえなくもない認知過程にたくさん従事している。この人たちを観察して，大人の算数が，学歴，あるいは学校的なテスト問題への正解率とどう関係しているかを調べた研究がある（レイヴ，1995）。その一端を見てみよう。あなたの予想はどうだろう。学歴の高い人の方が，普段の算数にも強いものだろうか。

カリフォルニア成人計算プロジェクト
　学校に長く通っていると，その後大人になってから日常生活での計算もうまくなるものだろうか。人の計算能力と文化との関係を調べる認知的文化人類学の研究の1つとして，カリフォルニア州オレンジ郡で，学校で習った計算の力と，大人になってから普通に生活する時に使う計算の力との間の関係を調べるために，年齢も収入も違う34人の社会人を対象に，成人計算プロジェクトが行われた。参加した人たちにさまざまな計算問題やスーパーマーケットでの買い物をしてもらってその計算能力を比較した。参加したのは，新聞広告などで協力を依頼したものに応募してきた人たちである。

　スーパーマーケットでの計算能力は，実際に彼らが行った買い物のうち，どちらが買い得かの比較を含んでいたものについての正解率（％）と，店内で行った計算の頻度，さらに彼らの自宅で行われた「お買い得模擬実験」（実験者が選んだ複数の品物についてどちらが買い得かをどうやって決めるかを説明する課題）の成績によった。その他，計算課題として，整数，小数，分数の加減乗除，負の数の計算，結合法則や交換法則の知識，大小比較，分数と小数の変換，四捨五入などの概数を求めること，単純平均を出すこと，量に関する知識をたずねた。

結果は，答えを選ぶだけの問題（多肢選択問題），数に関する知識は正解率が80％以上と高いものの，四則演算や大小比較，分数の小数化など実際に数を操作する問題は60％前後まで成績が落ちていた。詳しい結果はレイヴ（1995）を見てほしい。
　この研究ではもう1つ，お買い得実験という実験の成績とスーパーマーケットで買い物をする時の計算能力を見ているが，実はこちらはとても成績がよい。お買い得実験というのは，ある品物，たとえばスパゲッティが300gで240円する時，1kgで750円だとどちらが「お買い得」かを答えるものである。これに正しく答えるためには，計算課題にあった数を直接扱う能力が必要になりそうなものである。それにもかかわらず買い物だとこれらの計算をまちがえない，というのがこの調査の結果である。言い換えれば，学校での算数の成績がよくても悪くても，「日常生活では計算に困らない」という結果が出たといえる。
　なおレイヴは，日常的には何がお買い得かは計算だけでは決まらないと述べている。たとえば先のスパゲッティの例にしても，「うちは2人だけだから，1kgも買ったら残ってしまって，硬くなったら捨ててしまうので，結局は300gを買った方が得」といった説明ができた場合には300g買う方が「正解」だといえる。日常的な計算は，こういった多方面からの検討がうまく起きて，結果として「まちがえない」仕組みが出来上がっているのだといえるかもしれない。

　3つの研究を通して，人は，もともと自分にとって意味のある場所，生活の場，仕事の場で繰り返し経験することに自ら積極的に関わる中で，これまで「学校的な学びの見方」で考えられてきたよりずっと有能であり，かつ自らの有能さを育て続けることができる存在だということが見えてきた。しかし，この有能さを人がみな自覚しているかというと，そ

うでもない。そもそもここで挙げたような研究そのものが盛んになったのも，つい最近のことである。学校や，教育という働きかけが，人を一時的に賢くするだけでなく，人が人として生活の中で賢くなり続けることを手助けするものだとしたら，こういった人が潜在的に持つ学びの可能性としての認知能力の実態をはっきり捉え，ひとりひとりが自分自身の潜在的な学びの能力に自ら気づいて育てていけるような支援をするべきだということになるだろう。

引用文献

ブランスフォード他（2002）（訳本出版年，原典は2000）『授業を変える―認知心理学のさらなる挑戦』北大路書房

稲垣佳世子・波多野誼余夫（1989）『人はいかに学ぶか―日常認知の世界』中央公論新社

レイヴ（1995）（訳本出版年，原典は1988）『日常生活の認知行動―ひとは日常生活でどう計算し，実践するか』新曜社

三宅なほみ・波多野誼余夫（1991）「日常的認知活動の社会的文化的制約」『認知科学の発展，vol.4』講談社，pp. 105-131.

Schwartz, D. L., & Martin, T.（2004）Inventing to prepare for future learning : The hidden efficiency of encouraging original student production in statistics instruction. *Cognition and Instruction, 22*, pp. 129-184.

9 熟達する，職場で学ぶ

三宅　芳雄・三宅なほみ

　人が現実の生活の場面で必要とする専門的な力は，「学校」で学ぶだけでは簡単には獲得できないものだろう。むしろ学校は，そのような専門的な力を仕事の現場で学んでいくための準備の学習の場になっているといってよいだろう。専門的な力を獲得するための学習は，現場の経験の中で，時間をかけて成立する熟達の過程である。ここでは，このような熟達の過程で何が起こっているのか，さらに，特に職場という現実の中での学習について検討してみよう。

　学習を捉えるための基本的な枠組みのひとつは，知識を獲得することである。専門家が発揮する高度な能力は，専門家がひとりで単に長い時間をかけて獲得した多くの知識によって成立しているのだろうか。現実の生活の中で成立する熟達の過程を詳しく調べてみると，知識の獲得としてだけでは簡単に捉えられない学習の多様な姿がある。

1. 熟達者（エキスパート）と素人の違い

　現代の学習研究の特徴のひとつは，その研究対象を学校や実験室の中での学習だけでなく，社会のさまざまな場面の現実の活動の中で成立している学習にまで広げたことだ。その中には，ひとつの分野の専門家を対象にして，彼らの専門的能力の実態と，そのような専門的能力を獲得するに至る習熟の過程の研究がある。そのような専門家研究の先駆的な研究のひとつとして有名なものに，デフロート（DeGroot, 1965）のチェスマスターの研究がある。その研究を検討することを手始めに，現実の活動の中で成立する学習の多様な姿を見ていこう。

専門家を研究することの意義は，専門家になるまでの熟達の過程が学習研究の対象として重要であるばかりではなく，熟達者の能力自体について，それがどのような認知過程に支えられて成立しているのかを明らかにすることにある。専門家になるための学習のプロセスを解明するためにも，学習の結果がどのような過程として成立しているのかを知ることが必要になる。

　マスターレベルのチェスのプレイヤーは，チェスの上級者に比べても圧倒的な強さを持つ。デフロートはチェスマスターがどうして強いのか，その強さがどこからくるのかを明らかにしようとした。デフロートの出発点の仮説は，チェスのマスターが強いのは下位のチェスプレイヤーに比べて，より多くの手筋を探索することができるので，結果として，対戦者より効果的な手筋を見つけることができるというものだった。デフロートはこのことを調べるために，チェスのマスターや上級者，初心者のそれぞれにチェスの対局場面で出てくる盤面の例を見せて，もし自分がそのゲームのプレイヤーだったとすると次にどんな手をとろうとするのか，一手ごとにその考えを口頭で説明してもらった。そこで分かったことは，デフロート自身の予想に反して，チェスのマスターの探索の広さも深さも，チェスの上級者と比べて特に変わりはなかったことだ。

　チェスマスターの強さがそのような探索の量によるのではないとすると，チェスの上級者とチェスマスターの違いはどこにあるのだろうか。それは，思いつく手筋のよさだった。よい手筋を思いつけるかどうかという点では，チェスの上級者であっても，マスターレベルの熟達者にはまったく及ばなかった。つまり，チェスマスターの強さを特徴づけるのは，他のプレイヤーよりたくさんの可能な手筋を探索し，そうすることで対戦者に比べてよりよい手筋を見つけ出す可能性を高めようとするのではなく，即座により優れた質の高い手筋を思いつけることだった。

このことは「できる」ことを実現している認知過程に多様な形が可能であるという点からも興味深い。チェスのマスターが，探索の量という点では他のチェスプレイヤーに比べて少しも勝るところがないのに対して，今，チェスのマスターと互角に戦えるチェスのコンピュータプログラムは，その強さを膨大な探索に依存しているといってよい。チェスや将棋のようなゲームは，脈のある手筋にできるだけ限定するとしても，何手も先まで読んでもよいことにすると，すぐに何千，何万，何億という数の可能な手筋が問題になる。チェスのコンピュータプログラムはこのように可能な手筋が膨大になるにもかかわらず，それを調べ尽くし，その中から有望な手筋を見つけ出していくことで，チェスマスターと互角に戦えることを実現している。

　チェスマスターがコンピュータのような探索の量に頼らず，よい手筋を思いつくことで優れたチェスの力を発揮していることは，彼らの口頭報告からも明らかになった。それでは，どのようにしてよい手筋を思いつくのだろうか。残念ながら，チェスマスターにも，どうしてよい手筋を思いつくのかその認知過程を簡単に述べることはできない。これは，一般に人は何かを思いついた結果は意識できるけれど，それを思いつくまでの認知過程はなかなか意識できないからだ。しかし，そこで何を考え，何を「見ている」のかをある程度はことばに表現し，口頭で報告することもできる。デフロートは，チェスマスターがどうして強いのかを，彼らが戦略的に意味のある駒のパターンや配置がよく見えているためだと考えている。

　デフロート自身がこのことを次のようにまとめている。
　　特定の領域（たとえばチェス）の経験や知識が増えることによって，初めの段階では抽象化の過程によってはじめて取り出されたり，推論

によってしか得られようがなかったもの（特徴など）が，後の段階では瞬時に知覚できるようになる。つまり，抽象が知覚によって置き換わることが大規模に起こるのだ。ただし，どうしてこのような置き換えがうまく起こるのか，また2つの間の境界がどこにあるのかは明らかではない。このような置き換えが起こるということを考えれば，いわゆる「与えられた問題」というように，誰にでも同じ問題が与えられているという状況は存在しないことになる。なぜなら，専門家と初心者の間ではその「与えられた問題」はまったく違う問題としてしか見えないからである。

　優れた専門家の能力が，意味のあるパターンが見えることに依存しているという捉え方は大事だ。そのような見え方として存在しているのは，正に第2章で説明したような認知過程の中に成立した表象だと捉えることができる。現代のコンピュータシステムは時には，専門家の能力に匹敵する力を発揮する場合もある。実際，上で述べたように，世界チャンピオンになるようなチェスマスターと互角に戦えるいわゆる人工知能がすでに実現されているが，これらは膨大な範囲を探索するという処理の量で専門家の能力に迫り，専門家に心理的な圧迫を加えることができる，というようなことが起きるからだ。コンピュータの上に実現された人工知能は，人の専門家のように盤面の上に意味のあるパターンを見ることはできない。つまり，パターンに対応する表象を構成することができない。
　このような表象の特徴のひとつは，その存在について語ることはできても，その表象がどのようにして成立したのかその過程について語ることは困難だという事実がある。実際，専門家の持つそのようなパターンをことばに表現して，専門家と同じような表象を構成することで，専門

家の優れた能力をコンピュータの上に実現しようとする試みはなかなか成功しない。その過程を説明することが難しいからである。しかし，それがどのようなものなのかをまったく説明することができないわけではない。特定の盤面をどのように見るのか，またそこから導ける手筋がどうして有効なのかについてチェスや将棋の熟達者は多くのことを語ることができる。別の言い方をすると，自分がどうして今見ているように盤面を見ることができるのかを説明することはとても難しいが，その見え方に従えば次に何をしなければいけないかが「見える」ので，それについては語ることができるというわけだ。そこには，直接盤面の表面には現れていない目標や，それを実現するのに役に立つ勝負の局面の特徴や構造が見えている。そのような見えているものについての語りを手がかりにすることで，専門家は経験を積みながらチェスで勝つことに向かってうまく働くモデルを構成していくという捉え方ができる。

このような専門家の持つ優れた能力について，学習科学研究の成果と展望をまとめた『授業を変える』（ブランスフォード，2002）の中では次のような6個の原則としてまとめられている。

原則1　専門家は初心者が気づかないような特徴や有意味な情報のパターンに気づく。

原則2　専門家は課題内容に関する多大な内容知識を獲得しており，それらの知識は課題に関する深い理解を反映する様式で体制化されている。

原則3　専門家の知識は，個々ばらばらの事実や命題に還元できるようなものではなく，ある特定の文脈の中で活用されるものである。すなわち，専門家の知識はある特定の状況に「条件づけられた」ものである。

原則4　専門家はほとんど注意を向けることなく，知識の重要な側面をスムーズに検索することができる。
原則5　専門家は自分が専門とする分野については深く理解しているが，それを他者にうまく教えることができるとは限らない。
原則6　専門家が新奇な状況に取り組む際の柔軟性は，さまざまなレベルがある。

　ここで，知識ということばの使い方に注意しよう。上の原則3にあるように，そこで問題にしている知識は事実や命題に還元できるものではなく，一定の文脈の中で活用されるという性質を持つ。ここで問題にされている知識は単なる対象の構造に対応する静的な存在ではなく，問題の解決にうまく結びつくように使えるかどうかという動的な性質を問題にしている。つまり，知識をモデルという概念を使って捉えれば，単に対象の構造に対応するモデルが心の中に存在するだけでは対象の本質が「見える」ことにつながらない。対象の本質が見えて，問題の解決につながるためには，モデルが単に存在するだけでなく，実際に使える存在になることが大切だといえる。

2. 熟達化の諸相

　熟達の過程を捉えるひとつの枠組みとして，波多野，稲垣（1984）は，熟達には，決められたことしかできないがそれを驚くほど効率よくスピーディにこなすことができる「定型的な熟達」と，ある領域で得た知識を他の問題や領域にも適用し幅広い状況に柔軟に対処できる「適応的な熟達」との2種類を考えることを提案している。

　波多野らは定型的熟達の典型として，そろばんの熟達を挙げ，その熟達者の驚異的な計算の力を裏付ける認知過程について，詳しく調べてい

る。たとえば，波多野らはそろばんの日本チャンピオン3人に対して，さまざまな記憶テストを行った。その結果，数をたくさん並べたものを復唱するよう求める課題に対して彼らは普通の人の倍程度の14桁から16桁くらいの数を暗記することができ，さらに，その14桁の数字を聞いたのとは逆の順で暗唱したり，途中から好きな方向に暗唱したりすることができた。対照群である普通の大学生は，7〜8桁の数字を覚えることはできても，逆唱できるようになるまでには何度もやり直さなければならなかった。そろばんの熟達者は，たくさんの数字と果物の名前を同時に覚えることもできたが，これも普通の大学生には難しかった。

　これらの結果は，そろばんの達人が頭の中にそろばんの視覚的なイメージを持っていて，聞いた数字を「目で見て分かるそろばんの珠の状態」に自動的に置き換えることができるのではないかと考えるとよく分かる。このイメージで動くそろばんを使って暗算ができるようになれば，そろばんの珠を手を動かすより速く動かして計算できるようになる利点がある。実際，彼らは暗算だとそろばんを使った時より2割速く計算することができた。

　それでは，そろばん技能に習熟するということは，計算だけでなく，数一般についての理解を深めることにつながるのだろうか。これを調べるために，珠算を週2〜3回，1年間にわたって練習してきた小学3年生を対象に，いろいろなテストを行った。そろばんができる児童は，実際に数の計算が速いだけでなく，文章題を解く時にも計算の負荷が少ないため，まちがいが少なかった。しかし，彼らが日頃繰り返し行っていた「そろばんによる減算手続き」の意味について十分理解しているか（たとえば，そろばんで上の位から借りる数がほんとうはいくつか，100の位から借りた数は10の位と1の位にいくつずつ配分されていたのか，など）を調べたところ，珠算経験の少ない3年生とほとんど変わら

なかった。つまり，そろばんがうまく使えるからといって，繰り下がりの意味について概念的にはっきりした説明ができるわけではなかった。もっと年長の熟達者6人に，普通のそろばんを使って6進法や12進法の計算方法を教えたところ，やり方を覚えれば正しい答えを素ばやく出すことはできたが10の代わりに6や12で繰り上がること，いつもは5と見ている「5の珠」をたとえば6と見なせばよいのだということに気づくことは難しかった。このような現象から考えて，そろばんに熟達するということは，かなり「そろばんを使った計算」に特化した，いわば定型的な熟達化なのではないかと考えられる。

　これに対して，人々が手続きを遂行しながら概念的知識を構成すると，既知の手続きをその領域の中で広く一般的に使えるようになるだけでなく，さまざまな新しい手続き的知識を発明することさえできる。たとえば，長年経験を積んだ農業従事者は，天候不順や植物の病気など，さまざまな条件や制約の変化に効果的に対処できる。経験の少ない後輩のための相談役としても有能だろう。波多野らはこういった熟達者を「適応的」熟達者と呼び，定型的熟達者と区別している。たとえば料理などの日常的なことでも，繰り返し試しているうちに適応的熟達者になる可能性は大いにある。はじめのうちはお手本や料理本に書かれた通りの調理法に従って料理を作っているかもしれないが，だんだん，必要な材料がなくても代替の食品を使って同じ料理を作ってみようとするなど，日常的な状況の変化にも従って，さまざまな新しい試みを導入しつつ，出来上がりを観察して柔軟に料理ができるようになっていく。この場合，単に調理法を手順として覚えているだけでなく，なぜそうするのかを理解していると有利である。たとえば，波多野らが好んで挙げる例にはかつおの叩きを作るのに，皮を強火でさっと焼いて氷水につける手続きは「火であぶった魚を急速に冷やすために必要だ」と理解していれば，強

火や氷水がない時にも同じ効果をもたらす別の方法を工夫することができるだろうという。

3. 職場で誰でも熟達するか

　日常的な状況は繰り返し起こるので，同じことを何度も学習する機会がある。誰でも同じことを繰り返しやっていると上手になる。そう考えると，わたしたちの誰もが，日常的に起こる場面の中では熟達者になる可能性を持っていることを示唆している。そんな例を1つ挙げてみよう (Scribner, 1984)。

　ある乳製品工場では，昼間出来上がった製品を冷房のきいた倉庫に保管しておき，夜のうちにトラックで発送していた。注文数に従ってトラックに積み込む仕分け作業に従事するのは，平均中学卒の肉体労働者だった。この工場では製品の注文数を表示するのに特殊な書き方をしていた。製品はみな同じ大きさの保管用のケースに入っている。注文数はこのケースを単位に表示される。たとえば2ℓ入りの牛乳のパックが16個1つのケースに入るとすると，20個は1＋4，1ケース16個丈す端数4個，と表示される。さらに複雑なことに，この端数が16個の半分に当たる8個を越えると，今度はひき算で表示される。したがって28個は（1＋12ではなく）2－4となる。

　このような表示に従って仕分け係は実際どう作業していただろうか。注意深く観察してみたところ，この平均中学卒の労働者たちは，作業量を少なくするような"最適解"を即座に見出す"専門的"な能力を持っていることが明らかになった。たとえば，1－6（1ケースから6個取り除いて10個にせよ，と読む）を実現するのに，6個製品を動かすより少ない労力ですむ方法があれば，そちらでやる。たとえば6個だけ残っているケースがあればそれに4個足して10個にする。表示がマイナス，

すなわち"戻す"作業を示していても，それをその場の6個入りの半端ケースと即座に結びつけて，新しいケースから"6個"動かすのとすでに6個残っているケースに"4個"足すのとではどちらの労力が多いかが比較され，"4個"が選択され，実際には"加える"動作を施行する，という複雑な過程が即座に実行されるのである。実験の結果，同じ工場に働く事務職の人たちは，この表示法を書類のうえでしか扱わないので平均学歴は肉体労働をしていた人たちより高いがこのような"最適解"を短時間に見出す能力は持っていなかった。仕分け係の能力は"状況"の中で獲得された"専門性"だったと言ってよいだろう。

4. 多人数で働く中で

(1) 仕立て屋で暮らして仕立て屋になる

人は職場の中で「役に立つ仕事」ができるようになっていく。その過程を見ていこう。第8章でスーパーマーケットでの買い物の仕方を調べる研究を消化したレイヴは，リベリアの仕立て屋で徒弟に入った若い人がどうやって一人前の仕立て屋になっていくのかを長年観察した結果を報告している（レイヴ，ウェンガー，1993）。

レイヴたちが興味を持ったのは，学校だとついて行けなくなって学校をやめてしまう若者も少なくないのだが，仕立て屋のような職場に入った若者はほとんどが一人前になってそのうち自分で店を持ち親方になっていく，という事実だった。徒弟というのは，一定期間契約して住み込んで働かせてもらうなどしながら職人として育ててもらうやり方である。給料も低いし，休みも自由にとれない生活だが，そこで，大抵の人が，一定の年限はかかっても一人前になっていく。レイヴはこの職場の徒弟の生活の仕方を観察しながら，そこに働く学びの仕組みを見つけ出そうとした。

レイヴたちの観察によると，職場には徒弟が「失敗しない」仕組みがちゃんと備わっていた。そもそも，仕立て屋にいる人を考えると，徒弟の数より先生になれる先輩の数の方が多い。徒弟に入ったばかりの人は，最初からきっちり仕事をさせられるわけではなく，まず掃除など「その場にいる理由がある」軽い仕事を与えられるので，周りを観察する余裕がある。そういうチャンスが，最初に準備されている，ともいえる。そのうち，アイロン掛けやボタン付けなど，売り物の完成品がどんなものか，実際それに触って確かめられるような仕事が与えられる。それが分かってくると，やっと縫う練習を始めるが，それも，どういう部品どう縫い付けたら服になるのか，組立てが分かるような順序で学んでいき，最後にやっと布を切って必要な部品を作ることを学ぶという。つまり徒弟は衣服の製造の仕上げの段階を学習することから始め，次いですでにできている部品を縫い合わせることを学び，最後に初めて裁断の仕方を学ぶ。それも最初は帽子とズボン下，子どもの普段着のようなものから取りかかり，だんだんその店で売れ筋の，一番たくさん作っているものを数多くこなす経験を積み，そして最後にもっとうまくなると，フォーマルな外出着や高級スーツを作るようになる。レイヴたちは，基礎から応用へと向かういわゆる学校でのものの教え方とは正反対ともいえるこのやり方が，職場で求められる本物の活動に徐々に「その場にいて役に立つ，正統的な」参加の仕方を保証して，落ちこぼれのない学習の場を提供している，とまとめている。こういった研究は，この後「状況に埋め込まれた学習」というキーワードで学校での教えを分析するのに使われ，新しい学習の形を生み出して行く1つの契機になったといえるだろう。

（2） 職場の中には歴史がある

　人は職場の中で「役に立つ仕事」ができるようになっていく。その過程は，職場の人的構成とどのように関係しているのだろう。職歴（キャリア）が上がるに従って人は持ち場を変えていく。しかも人はいつかは辞めていくので，その専門技術なり知識は，何らかの形で穴埋めされる必要がある。さらにはシステム自体が社会の変化の中で生き残れるよう少しずつ変わっていかなければならない。こういう仕組みは職場の中でどう働いているのだろう。

　以下，大型船の航行チームの例を使ってこのことを説明しよう（ハッチンス，1992）。

　大型船の航行中，特に接岸準備の段階で重要な仕事のひとつに，船の現在位置を決める「位置決め」と呼ばれる基本的な仕事がある。これには船が進んでいる方位を測定する仕事，いつどの目標を使って方位を測定するかを決め結果を記録する仕事，そして作図係の知識が必要になる。船が接岸する直前など細かい操縦を必要とする時には，船の航行に関わる人たちがチャートハウスと呼ばれる操舵室に集まっている。一定時刻がくると，記録係が船の両舷側にいる２人の測定係に連絡して船首から陸上に見える目印（教会の尖塔とか高いビルの端など）への角度を測定するよう合図する。測定係がジャイロを使って角度を測定すると，それぞれの角度を伝声管を使って声でチャートハウスに伝える。記録係はそれらを復唱しながらログブックに記録する。作図係はログブックから船の角度を読み取り，三角法を使って海図の上に今の船の位置を書き込んでいく。

　もしも，これらの測定係，記録係，そして作図係がそれぞれ独立にひとりひとり別々に訓練され，そして最後に彼らを一緒にして仕事させるという実験を想定してみよう。そうなっていたら，これらの仕事につく

人は最初からそれぞれ別々の作業をするように訓練され，それぞれの作業に必要な知識を学ぶということになるだろう。

少し考えてみれば分かることだが，知識がこのような形で分散していると，何らかの理由で1人のメンバーが作業できなくなったら，システム全体が動かなくなってしまう。新しく人が入ってきたら，各部署でその人を一から教育しなくてはならない。これでは効率が悪いので，実際のところこんなふうに職場の知識が分散していることは滅多にない。

ではもっと普通の職場で何が起きているかというと，人はまず簡単な仕事から始め，それに熟練するに従って次の役割に移っていき，経験の浅い人に場所を譲るとともに，より熟練した人がさらに先に移動したり，辞めていったりした後を埋めていく。職場というのは人がその簡単なものからだんだんに複雑なものを担当するといったように徐々に昇進できるように仕組まれている。それによって比較的経験の浅いメンバーでも作業に貢献でき，各人が経験に従って少しずつ知識を共有しながら他人の面倒を見ることもできるようになる。

船の上の航行技術の熟練の過程にも，このようなことが見られる。位置決めの仕事の中で一番簡単な仕事は測定係である。測定係は，自分の仕事をどうやるかを知ってもいるが，記録係とやりとりするから，記録係のするべきこともある程度知っている。測定係が経験を積むと，そのうち次の記録係に昇進する。記録係は自分の仕事をどうやるか知っているが，以前には方位測定係だったので，方位測定係の仕事もすべて知っている。さらに彼は，作図係と仕事を共有しているので，作図係がどんなことをしているか，かなりよく知っている。この関係を図で示すと，3つの係がそれぞれ持っている知識の重なりは図9-1のようになっているだろう。このように，人がシステム内を移動していくうちにその人の専門知識が次第に増えていくことにより，職場全体としては重複した

専門知識のパターンが生まれてくる。こうなっていれば，1人が持ち場を離れても，誰かがその仕事を補うことができる。また「すぐ上の人の仕事を見る」機会が保証されていれば，次に昇進してから行う仕事について「勉強」したり，もっといいやり方を工夫したりするチャンスもある。職場では，このような知識の重複が，システムそのものの維持と再生産を支えている。

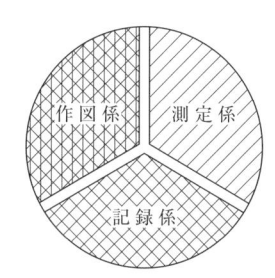

図9-1　水先案内の知識の重なり

(3) 職場で育ってプロになる

　もうひとつ，人が熟達者になる過程を支える環境のひとつに「家庭」がある。たとえば，助産師の家の子どもとして生まれ，母親の助産師の活動を見ながら育つという過程は不思議なことではない。親が助産師の仕事をしているそばで大きくなれば，助産師の生活がどのようなものかを否応なしに理解していく。たとえば，夜，昼，休日なしに，いつ呼ばれても出かけていかなければならない生活であることを見ながら育つ。さまざまな人が出産について母親のところに相談に来て，そこでの話を耳にする。そのような話を聞く経験も訓練として意識されるのではなく，単に生活の1つの場面にすぎない。その中には，助産師の活動に必要な薬草の話題や，非常に難しい出産の例などもあるかもしれない。
　出産に立ち会うという経験すらも，助産師である母親の体の調子が悪くて手伝いをせざるを得ない状況でそうすることになる場合もあるだろう。母親も娘を見習いというよりは，自分を助けてくれる必要な存在として捉えている。こういう状況の中では出産を助けるという助産師の役割そのものが学ぶ人によって自然に引きつがれていく。実際こういった仕組みは，今でも，社会の中のあちこちに残っていると考えられる。

ここで見てきたような長期にわたる，しかもその結果が社会人として独立してやっていける，生きるための熟達化である学びは，強力なシステムでありながらこれまで十分検討されてこなかったとも言える。ここで見てきたような仕組みは，その本質を見抜けば学校の中での学びにも使えるかもしれない。今，後の第13章に見るように，学びのゴールや考え方が大きく変わろうとしている。そんな中で，人が一生かけて，生きて生活している場そのものから学ぶ過程で起きていることの利点が見直されてくる可能性もある。

引用文献

ブランスフォード他（2002）『授業を変える』北大路書房
DeGroot, A. D. (1965) *Thought and choice in chess*, Mouton.
波多野誼余夫・稲垣佳世子（1983）「文化と認知―知識の伝達と構成をめぐって―」坂元昂編『思考・知能・言語現代基礎心理学7』東京大学出版会，pp.191-210.
ハッチンス，E.（1992）「チーム航行のテクノロジー」安西祐一郎・石崎俊・大津由紀雄・波多野誼余夫・溝口文雄編『認知科学ハンドブック』共立出版，pp.21-35.
レイヴ，ウェンガー（1993）『状況に埋め込まれた学習：正当的周辺参加』産業図書
Scribner, S. (1984) Studying working intelligence. In B. Rogoff, & J. Lave (Eds.), *Everyday cognition: Its development in social context*, Harvard University Press, pp.9-40.

第Ⅲ部　自然に起きる学びの過程を活用した実践

第Ⅰ部と第Ⅱ部で，人が自然に学ぶ過程で人が自ら賢くなる力を活用している様子を見直してきた。学校という場所で起きる学びも，本来これまでに見てきたような人が自然に自ら学ぶ力を最大限に活用したい。今，学習研究の世界では，そういう，人が普通に生きて生活している中で自然に起きる学びの過程を活用した実践によって人をこれまで以上に賢くしようとする積極的な取り組みが始まっている。第Ⅲ部では，そういった取り組みを紹介しながら，これからの教育や学びのビジョンを作っていこう。

10　問題を見つけて，解きながら学ぶ

三宅　なほみ・三宅芳雄

　学校では普通，「今日解くべき問題」が先生から与えられる。こうなっている理由は，学校では児童生徒を日常生活ではめったに出会わない科学の世界に出会わせたいからでもある。けれど，学校で解くべき課題そのものも，場面をうまく設定すれば，子どもたち自身が見つけてその解き方を工夫し合って，いろいろな答えの出し方をして，その答えの出し方をみんなで楽しむ授業が可能になる。この章では，そういう授業を2つ，紹介しよう。

　1つ目は，The Jasper Project（CTGV, 1997）という一連の教材のひとつである。この教材では，解くべき問題そのものをビデオ仕立てのドラマの中から見つけ出さなくてはならないので，「問題の見つけ方」「解き方を工夫すること」「解き方を変えると，そもそも解くべき問題そのものが変わってしまうこともあること」などが学べる。これに加えて，実際に解を求める過程で，その解を求めるために必要な科学的用語や手段を知識として定着させることもねらわれている。実際ここで紹介する例では，時速計算について，

距離と時間と速さの関係の捉え方が学ばれる。どうしてこういう仕掛けでそういった基礎的な知識の習得と活用，さらには探求までが可能になるのか，あなた自身が見つけるつもりで読み進めてみてほしい。

　もうひとつの実践例は，一見普通の「もの作り」教室なのだが，そこにもの作りを単なる「競争」にせず，途中でみんなの考えをいったん交換し合う仕組みを設けて，クラス全体で「より速く走る車をつくるにはどうしたらいいか」をその原理に立ち戻って考える活動を誘発している。Learning by Design と名付けられたこの実践は，その結果，その名の示す通り，単に誰が一番遠くまで走る車を作ったかではなく，そういう車をみんなで協力してデザインしていく中で，ひとりひとりの子どもが，「どういう原理をどう使うと一番遠くまで走る車をつくることができるか」を説明できるようになる。こちらの実践についても，そこにあるどんな仕掛けがこういった学びを可能にしたのか，まず実践例から読み解いてほしい。

1. The Jasper Project

　学校で問題が解けるようになっても，その成果が社会で役に立つとは限らない。言い換えれば，学校教育の成果は学校外に転移しにくい。ブランスフォードらは，その原因として，学校で解く問題と日常的な問題とでは，そもそも性格が大きく違うことを挙げている。

　教室で子どもが解く問題は，ほとんどの場合，解き方を覚えていれば解けてしまうので，そういう意味では「簡単」である。これに反してわたしたちが日常生活の中でぶつかる問題は，大抵は初めて見る問題で，解き方を教えてもらったことがない。まずどうやったら解けるのかを考えなければならない。解き方や答えがいろいろあってそのどれが一番いいのか，いわば答えの質を問題にしなければならないこともある。また，教室では同じような問題を繰り返し解いたとしてもせいぜい5，6題で，一度覚えた解き方を徹底的に利用するチャンスはまずないが，日常生活

では毎日繰り返し同じような問題を解くことも少なくない（家業のお店を手伝う子どもは，同じような商品を売ってお釣りを計算する経験を繰り返しするだろう）。もうひとつ，教室で出された問題を解く時にまちがえても，それだけのことだが，お店の手伝いをしている時にお釣りをまちがえては困る。日常生活での問題解決は，100％の正解が求められる。

　このギャップを埋めるには，教室で解く問題にも日常生活で出会う問題と同じような特徴を持たせればよいのではないか。教室を生活の場にするのは難しいから，その代わりに普通の日常生活のように複雑な問題が起きる場面を切り出して，その中に生徒を巻き込んで問題を解かせる。解けたらすぐ同じような解き方を何度も繰り返し経験できるよう，似た問題をたくさん用意する。さらに，問題の解き方そのものを見直して，将来似たような問題を効率よく，しかも正確に解くためにはどうすればよいかを考えさせる。そんなふうにしたら，子どもたち自身が日常生活に似た場面で起きる事件を「問題」として捉え直し，自分たちで解き方を工夫する中で，普通なら学校で教わることを自然と身に付けていくのではないか。そうなればそこで学んだ力は，日常生活で実際起きるかもしれない問題を解くのにも使えるのではないか。

　この章では，こういう考え方に基づいて開発され，1990年代のアメリカで多くの小学生，中学生が取り組んだジャスパー・プロジェクト（The Jasper Project）と呼ばれる実践研究プロジェクトを検討しよう。The Jasper Project は，おもに教育困難校の生徒を対象として算数・数学の問題解決能力を育成するプロジェクトで，ドラマ仕立てにした12のビデオ教材から成り立っている。ヴァンダービルド大学「認知とテクノロジ」研究グループのブランスフォード（Bransford, J.）を中心に開発されたもので，ジャスパー・ウッドベリーという主人公を中心に12の話

が展開され，そのそれぞれに「傷ついたワシを救助するために最短移動経路を計算する問題」や「遊び場の青写真を作るために遊具の面積や容積を計算する問題」など，日常的にも遭遇しそうな問題が含まれている。子どもたちはビデオの話を見ながら，そもそもどうやって問題を解いたらいいか話し合い，みんなが考えたさまざまな解き方を比較して一番いいと思った方法で問題を解く。この教材とその使い方ガイドのすべてがパッケージとして製品化され，誰でも使うことができた。以下，具体的な課題とそれを使ったカリキュラムのひとつを詳しく見て，その中でブランスフォードらが考えている学習がどのようなものかを検討しよう。

（1） ブーン牧場でワシを救う

「距離／速度／時間」というテーマで航続距離[1]の計算方法を扱った教材を詳しく見てみよう。下記の囲みに，実際はビデオドラマになっている展開を順を追って要約した。以下の説明には登場人物の名前など，この話の内容が出てくる。まず囲み内を読んで，自分でも問題を解いてみてほしい。

「ブーン牧場でワシを救う」

　ジャスパーの友人ラリーは，ウルトラライトというエンジン付きのグライダーのようなものを自分で作って操縦している。カンバーランドという町の近くの草原で，仲間のエミリーにも操縦の仕方を教えることになった。ウルトラライトは全体で250ポンドあり，全部で220ポンドの重さのものを運ぶことができる。10ポンドの箱を積めば，そこに1ガロンだけ余分な燃料を積み込める。ラリーはエミリーに，ウルトラライトが空気の浮力を受けて飛ぶ仕組みを解説し，同時に，車に使う普通のガソリンで飛べること，ガソリンタンクには5ガロン入り，

満タンだと重さが30ポンドになること，などを説明する。説明している途中の会話から，ウルトラライトが風のない日であれば大体1ガロンで15マイル飛び，1マイル飛ぶのに2分かかること，また着陸や離陸には滑走用の平らな地面が約100mあればいいことが分かる。

　エミリーは数週間で飛べるようになり，初飛行の後みんなでレストランに行く。レストランでジャスパーはブーン牧場に釣りに行く予定があること，そこに行くにはまずカンバーランドからヒルダという友だちのやっているガソリンスタンドまでの60マイルを車で行き，そこからは車では入れない道を15マイルほど歩いて釣り場まで行くつもりだと話す。ラリーはそれを聞いて，ちょうど先週ウルトラライトでヒルダのガソリンスタンドのすぐそばに着陸してヒルダを驚かせた話をする。食事の後，エミリーとラリーはどれだけ体重が増えたか，レストランの体重計に乗って体重を量る。エミリーは約120ポンド，ラリーは180ポンドある。

　場面が変わってブーン牧場でジャスパーがひとり，釣りをしている。釣り上げた魚を焼いて食べているところに銃声が響く。ジャスパーが森を抜けて音のしたあたりまで行ってみると，ボールドイーグル（ハゲワシ）が撃たれて傷を負っていた。ジャスパーは，トランシーバでヒルダのガソリンスタンドを呼び出し，ワシをブーン牧場からカンバーランドにいるラミレズ獣医のところまで運ぶ必要があると伝える。ジャスパーのいる場所からヒルダのところまでは歩いて5時間かかる。ジャスパーはヒルダに，エミリーに連絡をとってくれと頼む。

　エミリーは連絡を受けてすぐラミレズ獣医のところへ行き，どうやったらワシを救えるか相談する。壁に貼ってある地図の上でコンパスを使って測ると，ジャスパーのいる辺りから獣医のところまで，直線距離で約65マイルあることが分かる。ラミレズ獣医は，ワシは大体

15ポンドくらいの重さがあること，早く治療できればそれだけワシが助かる可能性も高いことなどをエミリーに伝えた後，他の動物の治療ですぐいなくなってしまう。ラミレズ獣医がいなくなった後，エミリーはひとりでコンパスを使って，ジャスパーのいるところからヒルダのガソリンスタンドまで15マイルあることを確かめる。エミリーはウルトラライトを使えばいいのではないかと考えて，ラリーに電話する。ラリーはちょうど近くにウルトラライトを止めていて，タンクも満タンなのでいつでも飛べる，という。風もない。話は，エミリーが「着陸したり飛び立ったりするのにそれぞれ5分くらいずつはみておかないと…」とつぶやきながらワシを救う計画を立てようとしている場面で終わる。
（ビデオにはこの他に，レストランで変わったデザートを頼むエピソードや食事の料金を払う際のお金の計算，ヒルダのガソリンスタンドで客とヒルダの間で交わされる，車の燃費とガソリンの値段についてのやりとりなど，ワシを救う問題とは直接関連しない情報も含まれている。また，それぞれの場所の位置関係を示す地図として，図10−1から同心円グラフを除いたものが与えられている。）

　ここで一度，実際に上の問題を解いてみてほしい。結構難しい。途中でいろいろなことに気づくと思う。問題を解くとは，どのようなことをすることなのだろうか。

(2)　「問題を解く」ことの再定義

　さて，上記の囲みにある問題に対して，あなたの答えはどうなっただろう。ワシの運び方は何通り考えられただろうか。ちなみに教材パッケージに用意されている解答では，3時間50分でワシを病院まで運べることになっている。

子どもたちはビデオを見終わった後，まずクラス全体で討論して，問題を確認する。どうやったら一番速くワシを病院に運べるか，その運び方を見つける必要があるのだということを確認した後，グループに分かれてワシ救出計画を立てる。ウルトラライトが載せて飛べる最大荷重，満タンにした時の燃料の重さ，エミリーの体重など，自分たちで必要だと思う情報があったらビデオを見直して探す。結構落とし穴が用意されているので最初の計画がうまくいかない場合もあり——たとえば，ラリーが操縦したのでは体重が重すぎてワシどころか必要な燃料も積めない，など——いろいろな計画を試さなければならない。グループごとに計画が立ったら，今度はそれをクラスで発表し，どの答えの出し方が一番よさそうかを話し合う。それぞれ一番よいと思うやり方で答えを実際出してみて，結果をまた比較し，解き方を確認する。何度も同じような計算をするので，時間単位当たりに飛べる距離を使って飛びたい距離だけ飛ぶには何分かかるかといった計算の仕方が自然に身に付く。載せて運べる最大の重さのことを可搬荷重という，などといった専門用語も使えるようになってしまう。

　この問題はわたしたちが日常的に出会う問題に似ている。問題の解き方の方針が立つまで，どの情報がいつ必要になるのか分からない。もともと日常的な場面で遭遇するような問題に「正しい」解き方が決まっていないのと同様，ワシの運び方も決まった方法はない。知っていることを総動員して，その解き方を工夫するところから始める必要がある。実際私たちが大学生や学校の先生にこれを解いてもらうと，いろいろな答えが出てくる。人の解き方を聞いてもっとうまいやり方を思いつくこともある。ブランスフォードらは，問題をこのように作り直してはじめて，子どもたちに「何が問題なのかを見極める力」「そもそもどんな解き方があり得るかを考える力」「解き方をひとつ選んで実際答えを出してみ

る力」「出た答えが問題を解決するかを確認する力」「さまざまな解決を試してそこから学ぶ力」をつけることができる，と主張している（Bransford, 1999）。

（3）類似課題

ワシを救う問題が解けたら，今度は今の問題を少しずつ変えて作られた似た問題を解く。「ガソリンがもっと積めたら」「追い風があったら」「燃費がもっとよかったら」それぞれワシを救う時間はどう変わるだろう。教材パッケージにこういった類似課題が用意されていて，生徒が自由に使うこともできる。また，この中の1題は，リンドバーグがニューヨークからパリに飛んだ時のデータを参考に，飛行機の燃料タンクの大きさ，航空燃料1ガロン当たりの飛行可能距離，ニューヨーク－パリ間の距離を示して，この飛行が成功するためにはどの程度の追い風が必要だったかを問う。「ワシを救う」話の中で見つけた解き方を使って，歴史上実際にあった出来事について「教科書にも書いていない」事実を発見するという知的にわくわくするような体験を通して，ビデオの中のお話しの世界と現実社会をつなぐ課題になっている。

（4）スマート・ツール（Smart tools）

こうやって類似課題も楽に解けるようになってきたら，もう一段レベルを上げて，今できるようになったやり方を目的に合わせて「使いやすい道具」に作りかえるという課題が用意されている。たとえば「エミリーは，うまくワシを救えて嬉しかったので，カンバーランド近郊の客を相手にウルトラライトで物を運ぶ商売を始めたいと思っている。借りられるウルトラライトは大小2台でそれぞれ可搬荷重も燃費も違う。客から電話がかかってきたら，何分で客のところに到着できるか可能な限

り速く計算したい。そういう計算を確実にする道具を工夫してほしい」という応用問題が用意されている。1分で何マイル飛べるかを、2台のウルトラライト1つずつについて計算しグラフにしておけば、何分でどこまで行けるかはすぐ分かる。やってみると、このグラフは直線になることも分かる。もっと速く答えの当たりをつけたければ、図10−1のようにエミリーのいるところを中心に、地図の上に一定時間で行ける距離を半径にして同心円を描いておけば、求める答えは一目で分かる。こういったツールを、子どもたちが自分たちで作り出すことが求められている。こういう道具はプロジェクトの中でスマート・ツール（smart tools）と呼ばれ、世の中には実はみんなが工夫したスマート・ツールがたくさんあるから探してごらん、などという働きかけも出てくる。ブランスフォードらがジャスパー・プロジェクトでねらっているのは、与

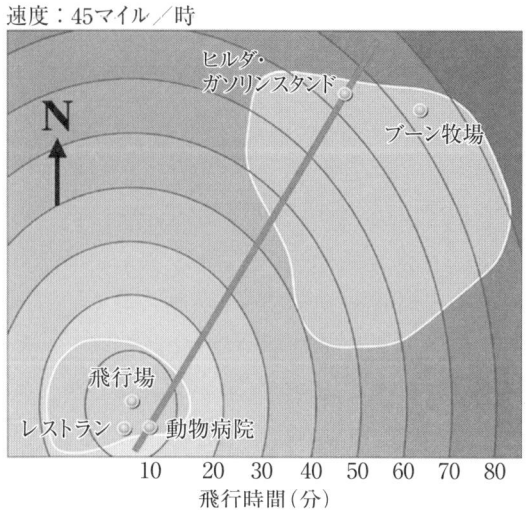

図10-1　カンバーランドからの飛行時間を簡単に計算するためのスマート・ツール

えられた問題が解ける力だけではなく，むしろスマート・ツールを作ることができるような応用力なのだということがはっきりする。

　子どもたちはこの一連の活動によって，単に問題の解き方を1回考えるだけでなく，時速と移動距離と速さの計算が自在にできるようになっていく。「お話しの世界」の問題を解くことがどうしてこういった知識の獲得につながるのだろう。この授業展開では，教師がこれらの基礎事実を説明することもしていないし，それらの間の関係を解説することもない。にも関わらず，子どもたちは類似問題を正確に解き，その知識を活用して宅急便事業を円滑に進めるための同心円グラフや表を，みんなで工夫する中で自発的に作り出す。先生が問題を出して答えを求める普通の授業と違うのは，子どもたち自身，どんな答えがほしいのかがよく分かっていることと，解き方が色々あるので何度も同じようなやり方を自然と繰り返してしまうことだろう。この事実は，与えられた架空のビデオの世界であっても，そこで解くべき問題を正確に把握して，そこで出すべき答えの見通しをつけて，何回も同じ問題に少しずつ異なったやり方で挑戦できる環境があれば，子どもたちは自発的にその場に要求される基礎事実と基本的な技法を身に付ける，ということを示している。

　「了解できる状況で」「繰り返し同じ問題に挑戦しているうちに」学ぶのは，小さな子どもが日常生活の中で繰り返し経験することから経験則を抽出し，その適用範囲を広げていく活動に似ている。そう考えると，ブランスフォードたちがこの実践で使ったのは，「人が意味を了解しつつ繰り返し同じ問題に何度も挑戦できる世界」を，できるだけ科学的な課題を解く世界に近づけ，現実にはなかなか遭遇し得ない状況での問題解決を誘発してその世界で意味のある経験則として獲得させようという試みなのだとも考えられる。この考え方は，囲みの課題を解いてみてあなたが感じたあなた自身の体験やその解釈と比較してどうだろうか。こ

ういうやり方で他の授業も作れるか考えてみてほしい。

2. Learning By Design

　ジョージア工科大学のコロドゥナーを中心としたLearning By Design^{TM}（LBDと略記する）というプロジェクトでは，もの作りを通して力学や地球科学を学ぶカリキュラムが開発された（Kolodner, 2002）。もともと科学者というものはひとつのアイディアをみんなで実験して試し，結果を統合して一般原理を作り上げている。したがって，コロドゥナーたちは，生徒たちにも，同じような体験ができる場で具体的な経験と経験を抽象的な理解にまとめ上げる機会とを行ったり来たりできるようにすればよいだろうと考えた（Kolodner, et al., 2003）。

　たとえば，走る車を作るという課題では，10cmの高さからすべりおりてできるだけ遠くまで走る「コースター・カー」や，それに風船で動力を与える「バルーン・カー」を作って競争する。ただ競争するのではなく，その途中途中でどうやったら速く，遠くまで走りそうか，その原理をみんなで考えて必要な実験を繰り返して，位置エネルギー，摩擦，速度や加速度，作用反作用の法則などを経験的に学んでいく。最終的には図10-2にあるような車を作り，「5cmと10cmの丘を乗り越えながら，どれだけ遠くまで走れるか」クラス全員でコンテストを行う。

　普通のもの作り教室であれば，コースター・カーやバルーン・カーでどのグループが一番速かったかを競うだけで終わってしまう。LBDも始めた当初はそうだったという。ところがしばらくやっているうちに，そのやり方だとものは作れるようになっても，どういう作り方をすればいいのかについて子どもたちがじっくり考えて話し合うなどのチャンスがほとんどないことが分かってきた。そこで，コロドゥナーたちは，途中で実際の科学者や製品開発に関わる工学者がやるような仲間と協力し

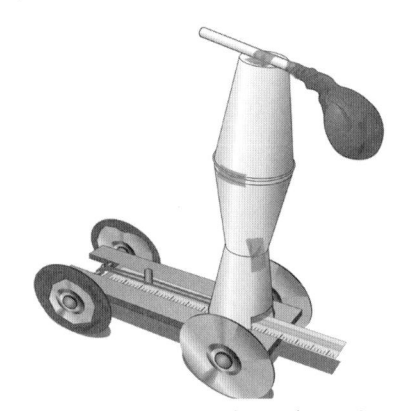

図10-2　段差を越えて風船とゴムの力で走る車

てみんなでよりよいものを工夫する作業を授業の中に取り込むことにした。

　どの課題でも，うまく走る車を作るためにはいろいろ調べておきたいことが出てくる。たとえば風船を動力として使う時には，風船の厚さや風船の力を車体に伝えるストローの本数をどうしたらいいかなど，いろいろな疑問がわくだろう。そうなってきたら，いったんクラス全体で集まって，それぞれのグループが「調べてみたいこと」を発表する。それを整理して，それぞれのグループが異なる疑問について実験して，結果をクラス全体に報告する。つまり「速く走る車の仕組み」について自分たちが疑問に思ったことを，分担して実験し，分かったことを整理して報告し合う。分担して少しずつ実験してみて分かってきたことをまとめて，そこから一般的な物理の規則を経験則として見つけ出す。それらの経験則のすべてをクラスの全員で共有して，グループ毎に一番有利だと思う組み合わせを考えて，自分たちの車をデザインする。誰かが何かを知っているから有利なのではなく，みんなが同じことを知っているのだ

けれどそれをどう組み合わせるかで知恵を競い合う。このようなやり方によって科学的な知識だけでなく，「いいデザインをするにはしっかりした実験結果に支えられた原理をうまく組み合わせて利用する」など，工学的なもののやり方をも学ぶことができる，と報告されている。

クラスの活動の中に，実際にものを作る実践的な活動と，いいものを作るために分かっておきたいことを分担して調べてその結果を共有する科学的な探求活動とが，うまく連携し合って存在している。その行き来を意識的に引き起こすことで，Learning By Design が機能しているといえるだろう。この仕掛けで，他の学びも引き起こせるか，あなたが教えたいことに引きつけて考えてみてほしい。

このプロジェクトには，もうひとつ大変おもしろい実践の工夫がある（Kolodner, 2002）。このプロジェクトでの実践が積み重ねられてくるうちに，誰もが最初から互いに教え合いながら競争する協調的なもののやり方ができるわけではないということが分かってきた。上のような工夫をしても，ものを作ってコンテストとなるとどうしても「競争の結果」が大事になってしまうか，あるいは自分だけが分かっていればいいということになりやすい。生徒だけでなく教員もこのようなやり方に慣れていないので，どう指導したらいいのかが分からない。

LBDには，この難しさに対処するために，「打ち上げユニット」と呼ばれる単元が設けられている（三宅・白水，2003に詳しい紹介がある）。たとえばその最初の課題「ブック・サポート課題」は，次のようなものである。

(a) (b)

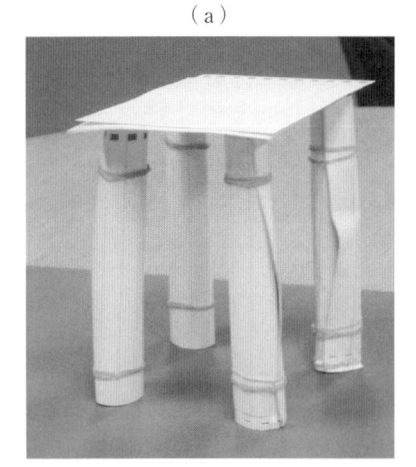

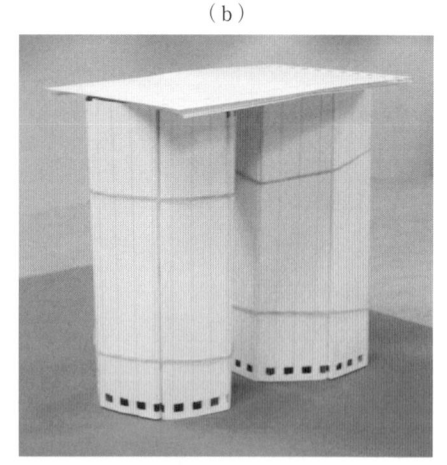

図10-3　ブックサポートの例

> 最近，お小遣いをかせぐためにタイプのアルバイトを始めました。理科のワークブックをコンピュータに打ち込むのですが，できるだけ速くやってほしいといわれています。仕事部屋にはコンピュータと低い机があり，座ってみると，机が低すぎて眼鏡がないとよく見えません。机の引出しにはインデックス・カードと，輪ゴムと，クリップがたくさんありました。これだけで，できるだけ素早く，机から本を7.5cm以上持ち上げるブックサポートを作って下さい。上にページが開いた状態で本が置け，ページがめくれるようにして下さい。時間は10分です。

　10分もあれば中学生でも図10-3の(a)や(b)のようなおもしろいものを作り上げる。10分たって各グループからいろいろなものが出てきたら，そこで展示批評会を開き，実際本を置いて達成基準どおりのものができているかどうかを確かめたり，作成上の工夫について話し合ったりする。

　こうやって一度みんなのアイディアを交換し合った後，作り直しをする。そこでもう一度展示批評会をやると，「誰々さんのグループは，わ

たしたちの真似をしました」と文句をいう生徒が出てくる。実はこうなることが予測されていて，教員はこのチャンスを捉えて生徒たちにどうして真似したのか，真似されてどう感じたか，など意見を聞いて話し合いに入る。いいアイディアだと思ったから真似したといわれれば，真似をされた方も悪い気がするばかりではない。では，どうすればよかったのだろう。だまって真似しないで，一言真似させてと断わればよかったのではないか，などいろいろな考えが出てくる。教員は，こういう話し合いを下敷きにして，実は科学の世界ではこういう真似，つまり他人が見つけたアイディアを使ってみんなでよりよいアイディアにしていく仕組みが出来上がっていることや，他人のアイディアを使う時には許可をもらってちゃんとそのことを公表することなどルールがあることを確認していく。こうすることで，他人が使えるアイディアを出すのはいいことなのだという意識も育つ。このユニットの効果は大きく，これを一度取り入れた教員は次もこれを最初にやるようになり，こういう準備をしてから課題に取り組んだ生徒は，そうでない生徒たちに比べて学習の効果が高かったという。

　こういった実践研究から，科学者が科学する醍醐味を学生生徒に手渡していくためには，みんなの実験経験を繰り返し経験則としてまとめ上げていくじっくりした取り組みや，協調して学び合うスキルそのものを学びの対象にする方法など，さまざまな工夫が有効なことが分かってくる。こういう気づきをうまく活用して，よりよい授業を工夫することが教育心理学を学ぶひとつの醍醐味だともいえるだろう。

》 注

1） 船舶や航空機が燃料の補給なしに航行を続けられる距離。

引用文献

Bransford, J. D.（1999）When cognition meets classrooms and technology: Issues and opportunities, 第63回日本心理学会特別講演，中京大学，1999年9月6日，名古屋.

CTGV（the Cognition & Technology Group at Vanderbilt）(1997) *The Jasper Project: Lessons in curriculum, instruction, assessment, and professional development,* Erlbaum.

Kolodner, J. L.（2002）Learning by Design™: Iterations of design challenges for better learning of science skills. *Japanese Bulletin of Cognitive Science,* pp.338-350.

三宅なほみ・白水始（2003）『学習科学とテクノロジ』放送大学教育振興会，pp.125-126.

11 結果の予測を積み重ねて科学する

三宅なほみ・三宅　芳雄

　この教科書の第5章では，科学を学ぶ時，ひとりひとりの学習者の学びを支えるのは小さい頃から何度も経験して自分なりに作り上げてきた経験則だという話をした。この経験則は，新しく起きる現象の結果がどうなるか，予測する力を持っている。ところがこの経験則は，多くの場合，学校で教えたい科学的な概念とは異なっている。学校で科学的な概念を教えるには，ひとりひとりの学習者が自分で経験則を科学的な概念に結びつけていけるような支援をしたい。この過程を丁寧に育てるには，たとえば次のような方法が考えられる。まずはじめは経験則から結果を予測し易い現象を提示して，その結果を予測させる。予測が出た所で，クラスのみんなの予測を比べて，互いにどうしてそう予測するのか話し合う。次にその現象を実際起こしてその結果の予測がどこまで当たったか，当たらなかったら自分の経験則をどう変えればいいか考える。こういう活動を，少しずつ段階的に，日常的には経験しない，科学的な現象に近づけながら繰り返しやってみられるようにしたら，ひとりひとりの経験則は，次第にクラスで統一された科学的な考え方，今の科学者が共有する仮説に変わっていくだろう。これが，第1章図1-1で示した「知識と理解の社会的構成」に当たる。
　この章で扱うのは，そういった過程を実際教室で引き起こして科学を学ぶ，2つの実践例である。1つ目は，本当に課題を次々に提示してその結果を予測させ，だんだん子どもの予測の根拠を科学的な概念に近づけていく，仮説実験授業という手法である。もうひとつは，身近な現象を見直すために，実験をしたり，シミュレーション・ツールを使ったり，科学的な考え方について証拠を挙げてディベートをしたり，専門家が書く科学雑誌の記事を検討したりなど，さまざまな活動を組み合わせて，今学校で習っている科学が，実は私たちの日常生活に直接役立つ判断の根拠になることを学ばせていく。インターネットを多用して探求的に科学を学ぶので，WISE（Web-based

Inquiry Science Environment）と呼ばれている実践を紹介する。

　この2つの実践で，実際起きる子どもたちの活動は異なっている。にもかかわらず2つとも，高度に科学的な内容を扱いながらも，子どもたち自身が自分の考えから出発して，それを作り変えていく。そういう作り変えを繰り返しているうちに，日常生活で遭遇する現象が起きる理由について，子どもたち自身が作る説明が，だんだん科学的な説明につながっていく。

1. 科学的な仮説を自分で作る仮説実験授業

（1）「授業書」を使って子どもたち自身の仮説を引き出す

　日本には仮説実験授業と呼ばれる優れた科学教育実践の歴史がある（板倉，1966）。この授業では教員が「教える」ということをほとんどしない。代わりに，授業書という冊子に一連の実験が用意されている。たとえば，小学校3，4年生でよく使われる《空気と水》という授業書がある。この学習のねらいは「＜目に見えない空気についても考えられる子どもを育てよう＞という，科学教育の第一歩をねらったもの」だという（仮説実験授業研究会，1970）。具体的には空気と水が互いの場所を入れ替える現象を対象に「目に見えない空気の動き」をイメージできるようにし，「自然は真空を嫌う」などの原則を使って，一連の実験の結果が予測できるようにすることである。そこでの最初の問題は，図11－1のようになっている。

　子どもたちはこの四つの選択肢の中から，自分がこれだろうと思うものを1つ選ぶ。先生は，何人の子どもがどの選択肢を選んだかを，みんなに見えるように板書する。そして，それぞれの選択肢を選んだ子に選んだ理由を一通り聞き，続けて自分とは違う選択肢を選んだ子に聞きたいことがあったら聞いてみるなどして，クラス全体で「討論」するよう持ちかける。この例であれば，イを選んだ子どもは「おふろで洗面器を

使ってやったことがある！」といった意見を出すかもしれない。それに対して「私もやったことあるけど，ちょっとは水が入った」と反論する子もいるかもしれない。子どもたちの意見が出つくしたら，先生はもう一度どの選択肢を選ぶ子が何人いるのかを確かめて（議論の結果をふまえて意見を変えてもよいことになっている），最後には実験をやって結果をはっきりさせる。

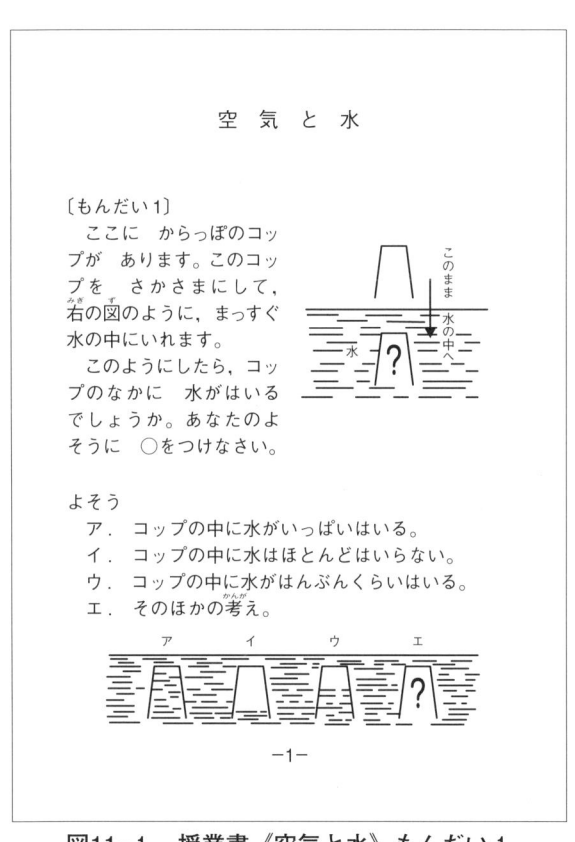

空　気　と　水

〔もんだい１〕
　ここに　からっぽのコップが　あります。このコップを　さかさまにして，右の図のように，まっすぐ水の中にいれます。
　このようにしたら，コップのなかに　水がはいるでしょうか。あなたのよそうに　○をつけなさい。

よそう
　ア．コップの中に水がいっぱいはいる。
　イ．コップの中に水はほとんどはいらない。
　ウ．コップの中に水がはんぶんくらいはいる。
　エ．そのほかの考え。

－1－

図11-1　授業書《空気と水》もんだい1

この最初の問題の特徴は，子どもたちが少し考えなくてはならないが，普段の生活の中で経験したことを思い出せばなんとなく「こうではないか」と結果を予測でき問いになっている，ということだろう。だから，子どもたちは，自分の頭で考え出す。答えを予測し，自分がなぜそう考えたかも話合い，あげくに実際どうなるのかを自分たちの目で確かめることができる。考えることそのものが楽しいし，実験の結果を予測しているのだから実験をしっかり見る。そのこと自体に集中してドキドキしてしまう。他の人が自分とは違う考え方をしていることが分かるのも，驚きだし楽しいことだろう。だから，この仕組みがうまくいく時，仮説実験授業は子どもたちに人気がある。

　これだけだと，子どもたちは，ひとつの現象について自分の予測が当たるか当たらないかを試してみるだけになってしまうが，実は仮説実験授業では，こういう実験がたくさん順序よく用意されている。たとえば，同じ《空気と水》という授業書ではこのあと，表11－1にあるようにスポイトやストローを使った実験の結果を予測しながら進んでいくが，問題が7番目，8番目になってくると，結構難しくなってくる。たとえば，問題7は図11－2のような問題である。

　あなたの予想はどうなるだろう？　この問題の特徴は，自分の経験だけでは簡単には実験の結果を予測できなくないということだろう。そうなると子どもたちは，これまで実験結果を予測してきた，問題1から問題6までの結果を全部総動員して，「これまでの結果がこうだったのだから，そこから分かってきたことを当てはめると，今度はこうなるのではないか」と考えることを求められる。こうやって子どもたちは自然に体験を元にしたひとりひとりの経験則の世界を少しずつ拡張して，みんなで結果を予測して討論してきた客観的事実についても納得づくで成り立つ「《空気と水》についてのモデル」を作り上げていく。

表11-1　仮説実験授業《空気と水》のコンテンツと配列

(『授業書　空気と水』(仮説実験授業研究会, 1970) より作成。左欄の「P」は「問題」,「R」はそれぞれ「読み物」,「A」は「作業」を示す)

P1	空のコップを逆さまにして水の中に入れると, 中に水が入るか
P2	前問で, コップの中に紙をつめておくと紙は濡れるか
R1	「空気があると…」(P1, P2の解説。「空気が逃げ出すとその分だけ水が入り込みます」)
P3	水の入ったコップを水の中で逆さまにして, 水面上に持ち上げると, コップの中は？
P4	水の上に逆さまに立てたコップの中の空気を缶で吸い出すと, コップの中はどうなるか？
R2	「スポイト」「スポイトの使い方」
A1	スポイト競争 (児童をグループに分け, スポイトをリレーして, 水を運べる量を競う)
P5	スポイトを水の中に深く入れるのと, 浅く入れるのとでは, どちらがたくさんの水を吸い上げるか
R3	「ストローの話」(ストローでジュースを飲む時, 空気を吸うと空気の下にあるジュースが上がってくる)
P6	1mの管でも水を吸い上げることができるか
P7	1つだけ穴をあけた缶を逆さまにすると, ジュースは出てくるか
P8	穴を2つあけた缶を逆さまにするとジュースは出てくるか
P9	空の缶の穴を1つにして水の中に入れると, 缶の中に水が入ってくるか
P10	前問で, 穴を2つにすると
P11	醤油さしの穴を1つふさいでも, 醤油は出るか
R4	「油の缶の話」(てんぷら油の缶には, 油の出る穴と空気の入る穴があいている)
R5	「いたずらのすすめ」(食卓の醤油さしやソース入れの穴をこっそりふさいでおくいたずらの紹介)

　この実践研究は1960年代初頭からの実績があり, 後からも応用のきくしっかりした理解が身に付く授業として定評がある。授業書も, 初期に作られた《ばねと力》,《ものとその重さ》など力学関係のものから物質の原子構造に関連したもの, 生物, 地学, 化学に至るまで100を超す蓄積がある (板倉, 1997)。

　この方法がなぜ理解に結びつくのか, ここまで読んできたことを念頭に, 第1章の図1-1を見返してみると, そこに表されていることが分

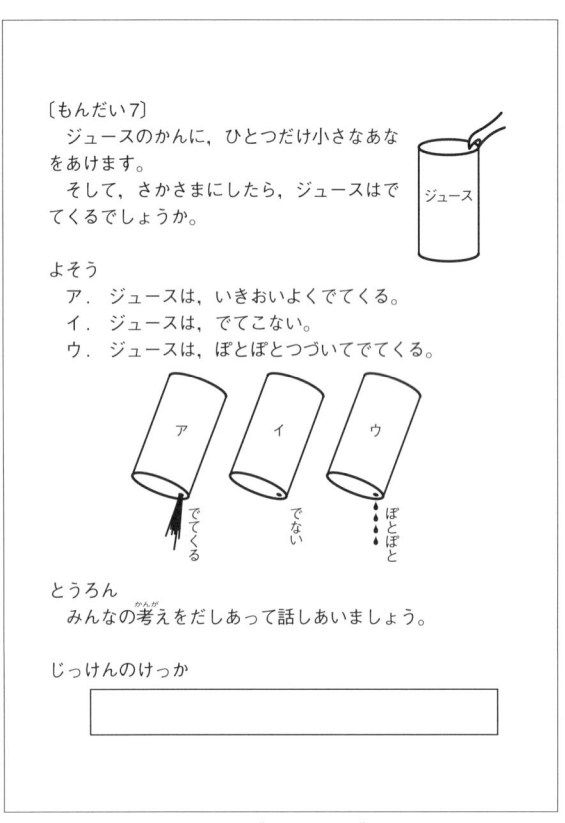

〔もんだい7〕
　ジュースのかんに、ひとつだけ小さなあなをあけます。
　そして、さかさまにしたら、ジュースはでてくるでしょうか。

よそう
　ア．ジュースは、いきおいよくでてくる。
　イ．ジュースは、でてこない。
　ウ．ジュースは、ぽとぽとつづいてでてくる。

とうろん
　みんなの考えをだしあって話しあいましょう。

じっけんのけっか

図11-2　授業書《空気と水》もんだい7

かり易くなっていないだろうか？　仮説実験授業の授業書は，一連の実験への結果の予測を，まず子どもたちが普段の経験をもとに作り上げた経験則からでも考えられるところ，つまり，レベル1から始めて，次第にレベル2の中を，最終的にはレベル3を目指して自分で足場を作って登っていくように仕組まれているともいえるだろう。仮説実験授業の実際を分析した波多野・稲垣によれば，子どもたちはこのような議論の場

面で，自分の意見の正しさを説明しようとするだけでなく，自分と同じ選択肢を選んだ子どもの意見には賛成し，他の選択肢を選んだ子どもの意見には反対するという形でさまざまな意見を選択的に集約しなければならない。こうなると自分の考えにも友だちの考えにもどちらにも当てはまるような意見をいわなくてはいけなくなるので，自分の考えの適用範囲が広がって科学的理解に近づくのではないかと提案している（Hatano & Inagaki, 1991）。

　この方法を実践している先生たちは，自分たちで研究グループを作って研鑽し合っていることが多い。互いの授業を検討し合うだけでなく，新しい実験を工夫するなどして先生たち自身が科学についての理解を深め，科学を楽しむ文化を共有している。こういう教員たちの科学文化が，生徒たちも巻き込んで科学を楽しむコミュニティ作りの基盤になっている可能性も高い。

(2)　授業書《空気と水》で起きること

　では実際，一冊の授業書でどのような問題がどんな順序で提示され，子どもたちが実験の結果を予測していくだけでどんな学びが起きるのか，仮説実験授業の典型的な例といってもいい授業書《空気と水》での授業の様子を追ってみよう。ここで子どもたちに考えさせたいのは，目に見えない空気も「もの」で，存在している以上，一定の場所を占めていて，場合によっては場所を変えて移動する，ということである。いわば，見えないもののモデルを作ってその動きを予測できるようになろうという科学的な活動が目指されている。

　こういうモデル作りのために，授業書は表11−1のような11の問題がこの順序で出てくる。こういったモデルを作る科学的な活動が概念変化を引き起こす。たとえば，クレメントという研究者は概念変化について，

表11-2の左から3列に示すように、人は目に見える現象をそのまま記述するような「現象モデル」から、目に見えない現象をも統一的に説明できる「説明モデル」を作り上げる認知過程だと考えている（Clement, 2008）。この仮説は、第1章図1-1の考え方を科学で使われる知識の獲得過程に特化させたものともいえるので、これを参考にこの授業書で学んだ子どもたちの予測の正しさと、対話の内容を分析してみよう。そこから子どもたちがどういう時にどんなふうに予測を変え、その根拠の説明の仕方を変えるものなのかが見えてくるだろう。たとえば、表11-2の一番右列のような発言が見られたら、それらのレベルをそれぞれレベル1から3と分類できる。ここでは、こういった分類方法を使って、《空気と水》について4つのクラスで実践された子どもたちの変化を見てみよう（Saito & Miyake, 2011；齋藤, 2013, 2014）。

図11-3の折れ線グラフは、11の課題について、結果の予測が正しかった（正しい結果を示す選択肢を選んだ）子どもの数の割合（右目盛）の推移を示す。図にある通り、どのクラスでも初めのうちは、経験則を頼りに半数くらいの子どもが正しい予測を選ぶことができている。しかし、中盤になって図11-3にあげた問題7のように日常生活から作った経験則が直接あてはまらなくなってくると、予測の正答率も下がってくる。それでも、折れ線グラフだけを見ていると、どのクラスも

表11-2 科学で使われる知識の4つのレベルと《空気と水》授業で各レベルに当たる発言の例

（Clement, 2008をもとに作成）

理論の領域	レベル4	形式理論原則	（該当なし）
	レベル3	説明モデル	「ぼくは、もう一方の穴から空気が入り込んで、空気がここにたまったしょう油を押していると思う。だからふさいだらしょう油は出ない。」（P11）
観察の領域	レベル2	経験則の描写	「この前は片方でほとんど入らなかったから、今度は2つだから半分くらい入るだろうなと思いました。」（P10）
	レベル1	個別具体的な経験の描写	「前におふろでお父さんと一緒に入るときにコップみたいなやつで一回やってみたからです。」（P1）

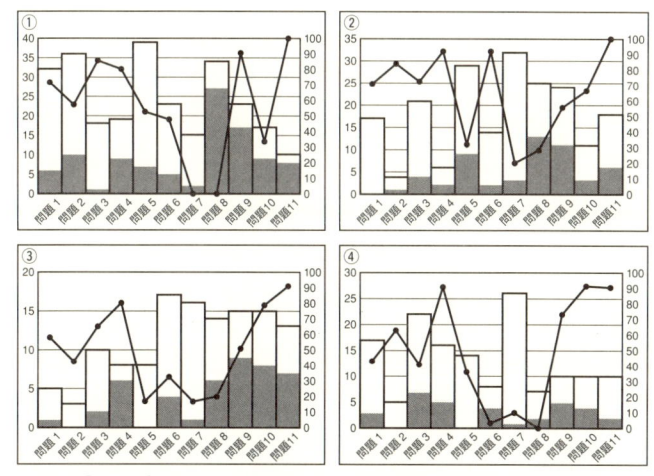

図11-3　各問題の正答率と発言数及びレベル3の知識を使っていると判断される発言の割合

（注）①から④はそれぞれ異なるクラスの結果を表している。

　最後にはほぼ全員正解できるようになっている。正答できるかできないか，という側面から見る限り，この授業書は非常によくできていて，最後にはクラス全員が正解できるようになることが多い。
　では，クラスで話し合う時の発話の内容はどう変化するだろう？　正解率の変化に従って見てみよう。おおむねどのクラスでも，経験則で答えられる最初のうちは正解率が高いが，先に示した缶ジュースのような課題になるとクラス①や④のように誰も正解が選べなくなってしまうこともある。この同じ図にある白抜きの棒グラフはクラス全体の発言数（左目盛），その中で「説明モデル」を表すと考えられる発言の割合は白抜き棒を1とした時の網かけ部分で示している。おもしろいことに，4つのクラスは，学校も教えた先生もクラス全体の発言数も大分様子が違うのだが，どのグラフでも缶ジュース問題が出た後，「説明モデル」

の割合が上がっている。問題8と9での白抜き棒の網かけ部分の4クラスでの平均値は，問題8で50.7%，問題9で57.4%と初めて50%を越し，ここで子どもたちが一気に説明モデルを表現できるようになっていたことが見て取れる。ここで起きていることは，このような問題について一度大幅に「予測が外れる」経験をすることによって，子どもたちが，自分で自発的に，自身がそれまで経験してきたわずか6，7題の問題への予測の繰り返しだけから，一気に経験則を科学的な説明モデルに変えていける柔軟性を示してもいるだろう。

　齋藤は，①のクラスの子どもの発話をすべて分析して，仮説実験授業で子どもたちが学ぶ過程で何が起きるかを詳細に解き明かそうとしている（齋藤，2013；2014）。そこからは，子どもたちがみんな一緒に楽しく学んでいるように見えるクラスでも，子どもひとりひとりの学びの過程は多様なことが見えてくる。たとえば，《空気と水》の授業で子どもたちは11の問題について図11-1や図11-2にあるような実験の結果を選択肢から1つを選んで予測するのだが，この11回の予測のパタン，つまり問題1から11でそれぞれアからエまでなどの選択肢のどれを選んだかを書き出してみると，ひとりひとり全て異なっていた。いわゆる「よくできる子」が大体同じような予測をして，いつも大体正解を選んでいたということもなかったし，反対にあまり「よくできない子」は，いつも「よくできない子が選びそうな選択肢」を選んで不正解だったというようなパタンも見られなかった。このクラスには21人の子どもたちがいたのだが，それぞれが11の問題全部について発話した回数を数えて並べてみると，一番多い子の41個から一番少ない子の1個まで，きれいに少しずつ減っていく。ここでも，「できる子」が積極的にいつも発言していて「できない子」は終始黙っているという具合に二極化したパタンは見られない。みんなそれぞれ何か思い付いていいたくなったら発言してい

るパタンに近い。子どもたちの対話がどんなふうに起きていたのかを見てみると，そこには一種のパタンがあって，問題やその時の話題毎に積極的に発言し合う数人のグループができ，その子たちの対話を他の子たちがみんなで聞く，という形の役割分担ができていた。これは，第6章で扱った2人の対話で見られた建設的相互作用がグループ単位で起きていたのではないかと思わせる結果である。教室での子どもたちの学び合いの実態は，こんな意味で，数人の間のインタラクションがクラス全体のインタラクションの部品になるような形で起きる，「インタラクションのインタラクション」といえるのかもしれない。

こういう学びの過程の実態を追えるデータは，実は日々の授業の記録の中にまだまだ分析されずにたくさん積み上げられているだろう。そういうデータを丁寧に拾い出して，子どもたちがどれほど柔軟に，またどれほど確実に，自分たちの考えを変化させながら学んでいるのかを明らかにしていくことも，これからの教育心理学にとって重要な仕事になる。そういう理解があってこそわたしたちは子どもの学びをデザインし，支援していくことができるから，である。

2. 科学的探究を日常生活と結びつける WISE

児童生徒が科学を学ぶ時，それが学校の中で起きる特別な経験やテストに結びついているだけのものだと思っていたらもったいない。科学が学ぶに値すると思うかどうかは，科学が児童生徒から見て自分たちの生活と結びついたものだと思えるかどうかにかかっているだろう。カリフォルニア大学バークレー校のリンを中心とする WISE プロジェクトでは，科学が日常生活にとって大切な知見をもたらしてくれる身近な知識として活用できることを生徒に伝えている (Linn & Eylon, 2011 ; Linn, Davis & Bell, 2004)。WISE は現在多くの教材をインターネット上で学べ

る形で公開している。

（1）　カリキュラムの構成

　リンたちは日本の科学教育も詳しく観察して，日本では新しい単元が始まる時，これから習う内容と生徒の日常的な体験とを結びつけるような導入の仕方がされていることを高く評価している（Linn, et al., 2000）。WISE の熱力学の授業も，「夜中冷蔵庫に入れておいた清涼飲料水の缶を学校に持っていって，昼まで冷たいままにしておきたい。毛糸のマフラーで包むのとアルミホイルで包むのとどちらが有効か」など，科学と生徒の日常体験を結びつけるような質問に答えるところから入っていく。WISE のカリキュラムの構成を，「熱とエネルギー」という教材を例に見ていこう。

　日常的な経験則を使って考えられるような導入の後，伝導率や熱エネルギーの平衡状態について学ぶのであればその途中で，友だちとの議論によって考えを確かめるなどの活動を行う。先ほど紹介した仮説実験授業では問題と答えの選択肢が最初から与えられていたが，WISE では 2 つの相反する答えが対立するような問題を選んでどちらが正しいと思うか選ばせ，インターネットなどを使って証拠を集めて議論させるなどの手法をよく使う。たとえば「光はどのくらい遠くまで届くのだろう？」という問いに対して，

　「どこまでも届く」のか

　「途中で消えてなくなる」のか

立場を選んで議論する。同じ意見を持つ 2 人一組になってそれぞれの立場を支持する証拠を集め，強い証拠と弱い証拠に分け，自分たちの立場を支持する説明を組み立てて，クラス全体で討論するなどの形をとる。

　たとえば，サーチライトの写真は一見よい証拠に見えるが「先のほう

が消えていて光は途中で消える」とも「ずっと遠くまで光が届いている」とも受け取れ，どちらの立場にとっても実はそれほど強力な証拠にはならない。これに対して軍隊などでよく使われるナイトビジョンゴーグルを見つけた生徒は，これを証拠にして「肉眼で見えなくても増幅すれば見えるということは，光がそこにあることを意味する。だから，光は，途中で反射させられたり吸収されてしまったりしない限りどこまでも届く」という結論を自信を持って語れるようになる。こういう討論をうまく行うために，論点を整理するツールなどもインターネット上で無償で公開されている。

　WISE の「熱とエネルギー」では，この後さらに光が吸収されると熱に変わることを確かめる実験などを繰り返して，学んだことと自分たちの経験を統合し，理解を深めていく。途中，今現実に科学者の間で起きている科学的な論争の中から学生にとっても身近に感じられる問題を選んで，科学者の論争の実際に触れることができるような手助けも受けられる。専門家の議論は，高校生や一般の市民にとって読み易いとは限らない。WISE ではプロの科学記者の協力を得て議論の一部を読み易く書き直すなどの支援作業が行われ，その効果が確かめられてもいる。こういう専門家の議論を読むことは，生徒が自覚的に次に学ぶべきことを理解する手助けにもなるという。WISE ではこれらの論争の材料になる最新の研究成果や参考文献を提示して，生徒の経験則の見直しから始まった探索が，だんだん科学的理解を促すような活動へとつないでいく。

　こうやってさまざまな活動を，さまざまな視点から繰り返し経験して最後には，インターネットの上のソーラーハウスの宣伝ページがちゃんと科学的な根拠に基づいて作られているかを評価するなどの活動を行って，科学の知識が生活に結びつくことを確認する。リンたちが作成したこのプロジェクトを紹介するビデオの中では，最初「科学はつまらない

から嫌い」といっていた学生が，授業の中では「光はどこまでも届くか」という論争に熱心に参加して自分の意見を主張し，実験やシミュレイタを駆使しての学習体験を積んで，最後には「わたし，将来は科学者になりたい」と発言している。1990年代からカリフォルニア大学バークレイ校を中心に試験的に始められ，現在ではインターネット上のWISEのサイトを通じて世界中の多くの先生たちが互いに教材を投稿し検討し合う第4版が展開されている。「DDTは禁止すべきか」「カエルの奇形の原因は何か」「遺伝子組み替え食品は安全か」「地球温暖化」「プレート・テクトニクス」「四季がめぐる仕組み」「がんに効く薬は」「古いタイヤをどうリサイクルするか」などたくさんの教材をすぐ使える形で具体的に提案しつつ，科学教育の理想像を追うプロジェクトだといえるだろう。

（2） WISEで起きる学び

　WISEは規模が大きく，そこで起きる学びの良さを包括的につかむのは難しい。それでもそういった試みはなされている。単元のひとつ「熱力学」について，2002年までに約3,000人を対象に行った授業の詳細な記録を分析し，教授時間の長さの効果を明らかにした研究（Clark & Linn, 2004）を紹介しよう。この論文が扱っている問題は，生徒にじっくり考える時間を保証した長めのカリキュラムで教えるのと，内容は落とさずにできるだけ短くしてさっさと教えるのとでは，生徒の理解度にどのような影響が出るかという問いである。直感的にいって，時間をかけた方がよさそうではあるが，何がどの程度よいのかについて，これまで具体的なデータを示して緻密に議論をした研究はなかった。クラークとリンは，巧みな方法でこの問いに2つのレベルから答えを出している。

　WISEの「熱とエネルギー」の単元は，1991年からまず8セメスタ

（1セメスタは半期，実授業時間として約3カ月分）をかけて整備された。そこで出来上がったカリキュラムは12.25週かかるもので，この研究報告の中では完全セットと呼ばれている。中には「温度と熱」「熱伝導」「熱エネルギー」「熱均衡」の4つ小単元を含んでいる。「部屋の温度と，部屋の中にあるものに触って感じる暖かさや冷たさが違う」ことを実際測って確認した後，それはなぜかを議論したり，シミュレータを使ってものの伝導率を比較したり，黒い容器と白い容器に入れた水を同じ熱量で熱した場合の水の温度の上昇カーブを調べる実験をしたりなど，生徒の活動を中心に議論の時間を十分確保したカリキュラムだった。この完全セットで教えた結果，従来に比較して成績が4倍になったと報告されている。

ところが，この完全セットは現場の要請に従ってその後3回にわたって少しずつ短縮され，最終的には6.5週で終わる形になった。短縮版にも上記の4つの小単元はすべて含まれている。この短縮の効果を調べるために，完全セットでの実践から4セメスタ分，短縮版それぞれでの実践からそれぞれ5セメスタ分計20セメスタ分の実践について，生徒3,000人分の学習の達成度を比較した。成績は記述式の問題と多肢選択問題の2つの形で評価している。すべて同じ教師が教えているので，何か成績に変化があるとすれば，カリキュラムを短くしたことがおもな原因だといえる。

結果，2つのはっきりした傾向が現れた。まず「はい」か「いいえ」かを選ぶ多肢選択型の問題への解答には，カリキュラムを短縮した影響はほとんど見られなかった。ところが，記述式テストの成績は，短縮するに従って段階的に落ちていく。この結果について，著者たちは次のように述べている。

「記述式の問題は，学んだことと自分が日常体験している例とを一貫

した形で説明できるようにするなど生成的で豊富な知識統合を要求する…。多肢選択型の問題に正答するためにはそれほど精緻な理解は必要なく，したがってそこまで丁寧に教えなくてもよい結果が得られるのだろう。」（同掲論文 pp.464-465）

　完全セットで学ぶ過程では実際どのような学習が起きていたのだろう。クラークらはこれを調べるために，平均的な生徒を50人選び出し，大体3週間に一度インタビューを行って確かめている。結果を見ると，「はい」と「いいえ」で答えられる問題は3週目ですでに半数近くの生徒ができるようになるが，60％の生徒が習ったことを使って自分なりの推論に持ち込めるようになるにはさらに9週間かかっていることが分かった。クラークらはこの分析をもとに，生徒が教えられた知識を自分で組み合わせて推論できる力がついたかどうか判定するのは多肢選択型のテストだけでは難しく，学習評価は学習目標にふさわしい方法でテストすべきだと主張している。クラークらはさらにこの50人のうちの「平均的な」ひとりについて，中学校卒業後4年間の追跡インタビューを実施しており，完全セットで教えられた生徒が，WISEのような教え方を離れた後も科学への興味を持ち続け，高等学校では科学を選択して中学の時に問われたのと同じ問いへの答え方をもだんだんに深めていく様子を紹介している。

　この研究は，最近の学習科学研究の意義をよく表している。生徒に本物の力をつけたかったらどういう教え方をしてどんなテストをしたらいいかについて，かなり積極的な提言ができる。加えて，この「研究」をするために，実際には毎年数千人の中高生がこれまでより質の高いカリキュラムで理科の勉強ができるようになったという「副産物」がある。学習科学は，一方でこういう副産物を社会に還元しながら，個人の知識の変化をインタビューデータによって数年間追うといった新規な研究を

同時に展開し，学習研究のあり方と学習についてのわたしたちの理解を根本的に変えようとしている。

引用文献

Clement, J. (2008) The role of explanatory models in teaching for conceptual change. In Vosniadou, S. (Ed.), *Handbook of research on conceptual change*, London, Taylor & Francis Group, 2008, pp.417-452.

Hatano, G., & Inagaki, K.(1991) Sharing cognition through collective comprehension activity. In L.B. Resnick, J.M. Levine, & S.D. Teasley (Eds.), *Perspectives on socially shared cognition*, Washington, D.C.: APA.

板倉聖宣（1966）「仮説実験授業とは何か」板倉聖宣『科学と方法』東京，季節社，1969, pp.219-251.

板倉聖宣（1977）『仮説実験授業のABC─楽しい授業への招待』仮説社

仮説実験授業研究会（1970）『授業書《空気と水》初版』

Linn, M. C., & Eylon, B-S. (2011) *Science learning and instruction: Taking advantage of technology to promote knowledge integration*, Routledge.

Linn, M. C., Davis, E. A., & Bell, P. (2004) *Internet environments for science education*, Routledge.

Linn, M. C., Lewis, C., Tsuchida, I., & Spnger, N. (2000) Beyond fourth grade science: Why do U.S. and Japanese students diverge?. *Educational Researcher*, 25, pp.18-24.

Saito, M., & Miyake, N. (2011) Socially constructive interaction for fostering conceptual change, *Proceedings of the 9th International Conference on Computer-Supported Collaborative Learning (CSCL2011)*, Hong Kong, pp.96-103.

齋藤萌木（2013）「協調的な概念変化を目指す小学校理科の授業における個人の学習プロセス」『2012年度日本認知科学会第29回大会論文集』pp.98-107.

齋藤萌木（2014）「空気のはたらきについての科学的な理解の獲得を支援する協調的な学習環境デザイン」科学教育研究

12 知識を統合して新しい答えを作る

三宅なほみ・三宅　芳雄

　第10章では，子どもたちが日常的に起こってもおかしくない問題についてその解き方を考えながら何度も試行錯誤を繰り返すうちに距離や速度の計算の仕方を自然に身に付けてしまう実践を検討した。そこでは同時に，問題を解くとはそもそもどういうことかについても子どもたちが体験的に学べるようになっていた。第11章では，子どもたちが次々出てくる実験の結果を予測して討論を繰り返すうちに科学的なものの見方だけでなく，科学的に考えるとはどういうことかについても体験的に学んでしまう実践を検討した。教育心理学や学習科学で長く実践され，検討されている学びはみなこのように学びのゴールそのものの見直しから導かれ，そのゴールをひとりひとりの学習者が，自分なりにしっかり自分のものにしていけるよう，学びの起きる道筋そのものがデザインされている。

　第Ⅲ部の最後になるこの第12章では，学習指導要領や教科書にある典型的な学校型の学びを対象に，人が対話を通して賢くなれる原理を持ち込んで，ひとりひとりの学びと，その学び方の学びを引き出そうとする「知識構成型ジグソー法」を紹介する。普通なら先生が一方的に説明して終わりにすることも多い「新しいものの考え方」を，子どもたちが少しずつ分かってきたことを統合して自分たちで作り出すことが新しい学びのゴールになっている。学びの起きる道筋としては，新しいものの考え方を作り出す過程でみんながそれぞれ考えながら話し合うことによって，ひとりひとりが自分の経験則を見直し，新しく出てくる断片的な事実と結びつけ，みんなの考えを見渡せる広い視野からまとめ直して自然にひとりひとりにとって納得できる答えとしてまとまってくる。ここには第Ⅰ部の最後，第6章で説明した建設的相互作用，つまり人が共通の問いに答えようとする時，各自の考えを互いに説明しようとするだけで，その対話が「学び」を生み出す仕組みが働くようデザインされている。教育心理学研究がやるべきことのひとつは，こうした「人が

賢くなる仕組み」として有望なものを，実際人が学ぶ場に持ち込んで授業として実践してみて，どんな過程が引き起こされるかを確かめながら，具体的実践的に学びの支援を試みることである。こういった支援のねらいは，対話を通して子どもたちが持つ経験則の適用範囲を広げ，科学的理解に近づけていくことでもあるだろう。この章では，「人が賢くなる仕組み」をどう実践に置き換えていけるのかを追いながら，そこから生まれる実践例と，その実践が実際どんな学びを引き出すのかを見ていくことにしよう。

第10章，第11章で見てきたように，今学校での学びは新しいゴールを目指している。これからの社会が単に知識を覚えていることではなく，分かっていることを組み合わせて新しい知識を作り出すことを求めるようになってきたからである。そこでは「自分なりに新しい考えを作り出し，それでどこまでうまくいくかを確かめられる」ことそのものが学びのゴールになる。先生が答えを差し出すのではなく，子どもたち同士が自分たちで考え，分かっていることを集めて編集してひとりひとり納得のいく答えを作り出し，その答えを足場にして次の問いを引き出していけるようにしたい。そうやってひとりひとりの学習者が，自分自身の経験則に基づきながら，他人の考えやより科学的な考えに触れ，それらを自分で統合して，自分の理解で予測できることがらの範囲を広げ，他人にとっても役に立つ知識や理解の提供者にもなることが求められている。協調的な学習は，そういう場を教室の中に準備して，学びの主権を子どもたち自身に委ねるために考え出されてきた学習形態でもある。決まった答えを知っているかどうかより，好奇心や探究心に支えられた知的なたくましさが大事になってくる。協調的な学習は，そういった知的なたくましさを育て，たくましさが活きるための雰囲気作り，コミュニティ作りを目指してもいる。

そういう授業を組み立てるには，人がいかに学ぶものか，その仕組み

についての見通しが必要になる。わたしたちは、わたしたち自身についても、子どもたちについても、どう学んできて今何を知っているのか、これからどんな経験をしたらどう学んでいけるのかの仕組みを見極めるデータをまだ十分には持っていない。子どもたちが先生の説明を熱心に聞き、黙って正解してくれても、そこからは彼らの学びの実態を知るためにほしいデータは出てこない。同じ問いに答えるために話し合い、仮の答えを少しずつ作り変えていく「過程」がつかまえられれば、それはほんの少しだけれど、仕組みを分析する対象になる。子どもたち同士の会話を促す協調的な学習方法は、第11章でも見てきたように、学習過程を理解するためのデータ収集方法としてもかなり有望である。子どもたちが話し合うことばそのものや表情、資料に引く線、説明用に書くメモ、そういった観察結果をまとめた表やグラフがあれば、即そのままそれらが、彼らの学びの過程を覗き見る窓を開けてくれる。そういうデータは、わたしたちが、そもそも学習とはどのようにして起きるものかを今よりよく理解して、どの段階で何をどう支援するのがよさそうかを今よりうまく判断して、総体としての教育の質を上げるために役立つだろう。

1. 学びが進む仕組みから授業の設計条件を探る

　第10章や第11章で見てきたように、新しいゴールを達成するための新しい授業実践には、その実践を支える具体的な「人が賢くなる仕組み」がほしい。それがはっきりしていれば、実践がうまくいかなかったらそれはなぜか、どこをどう直せばよさそうか、またうまくいった時にもそれはなぜか、どこをどう直したらより質の高い学びが引き起こせるかを具体的に評価することが可能になるからである。この章では「人が賢くなる仕組み」として、第6章で取り上げた「対話で理解が深化する仕組み」を振り返ってみよう。そこでは、知識や理解が社会的に構成される

ためのひとつの基本的な認知過程として建設的相互作用と呼ぶ過程があることを解説した。建設的相互作用を授業で引き起こすために一応それがどんなものなのか定義しておくとするなら，それは，以下のように表せるだろう。

・建設的相互作用：複数の人が関係する相互作用のうち，その場に参加した人が参加する前と後とで自分自身の考え方を「建設的」と呼べる方向で変化させた，あるいは変化させ得る相互作用

　ここでいう「建設的」な方向とは，自分の知っていること，分かっていることを他人の知っていること，他人が提供してくれる新しい情報と組み合わせ，統合して，手元の問いに自分ひとりでは作り出せない答えを出したり，自分の知識や理解で予測できることの範囲を今までより広くすることなどに当たるだろう。当面これをまとめて，「自分の考えの適用範囲を広くする」方向と表現することにしておこう。ここではこれが新しい学びのゴールのひとつになる。
　こうやって定義してから第6章で紹介したような建設的相互作用の過程で起きていたことを整理してみると，次のようになるだろう。まずはその場に参加しているひとりひとりの考え方やもののやり方が「違う」ことが前提になっている。そのうえでひとりが課題遂行，つまり自分の解や解き方を説明している時には，大抵自分が内的に確信しているほど相手は説得されないし，また自分でも十分うまく説明できないという内省が起きるので，自分で自分の考えの不整合を見つけることになりやすい。そうなったら，人は自分の考えを自分で修正していこうとする。課題遂行という役割は，本人が自分自身と格闘するプロセスにつながる。これに対して聞き手であるモニターは，相手の考えていることを解釈し

て何とか自分の理解に役立てようとする立場である。相手の考えていることを自らの視点から解釈し，自分にとって役に立つところを切り出して自分の課題解決に利用する。一見受身的に見えるが，実際には自分と他人の考えを比較検討したり，他人の説明の分からないところを理解しようとしたりなど，目いっぱい頭を使う活動に従事している。話し合い場面でこの２つの働きが交互に起きると，学習者がひとりひとり自分の考え方ややり方をより納得のいくものに自分で作り変え，相手の考えも取り込んでその適用範囲を広げるような学びが成り立つ可能性がある。したがって，この過程は，第１章図１－１で期待する，レベル１とレベル３をつなぐレベル２の過程としても有効だろう。実際第７章では，保育園でも条件が整えばこういった過程が起きることも見てきた。こういった「対話で理解が深化する仕組み」をどう実践に置き換えていけるかを考えるために，相互作用の中でも建設的な相互作用が起きる条件を探り，そこから授業の設計条件を見つけていこう。

（１）　問題を解く時，２人の方が１人より有利になる条件

　まずこれまでの２人共同問題解決についての研究を振り返って，そもそも２人で問題を解いた方が１人で解くより有利なのか，有利だとしたらそれはどんな条件が揃ったときなのかを探ってみることにしよう。

　これまで心理学や文化人類学など人が問題を解く過程を研究するのに使われたたくさんの課題をそれぞれ１人と２人で解いてもらい，結果を比較してみたところ，２つのことが見えてきた。ひとつは，２人で解くと１人で解くより速く解けたり正答率が高かったりする傾向が一貫して見られるが，その差はそれほど大きなものではない。たとえば多くの人でやってみていつでも大体２人で解く方が１人で解くより半分しか時間がかからないとか，２倍くらい正答率が高いという程の差があることは

滅多にない。それでも色々な研究をまとめてみると，2人以上の方が一貫して1人より少しはよいという傾向が見られる。解いている最中どんな手を使うか，2人で解く時どんな話し合いをするかを調べると，2人で解いている時には1人より色々な手が使われ，また解き方だけでなく，なぜその解き方でよさそうかなどが話されている。2人で解くことの利点は，速さや正解率など量的なものよりも，解き方の見込みや根拠といった質的なところに現れやすいのだろう。

　心理学の研究でよく使われるたくさんの課題について2人と1人のどちらが有効かを調べてみると，中で突出して2人が有利な問題もある（三宅，2000）。「九点問題」と呼ばれる図形パズルがそうで，これは2人で解くと平均5分程度で解けるのに対して，1人だと15分以上かかることもまれではない。これと反対に2人と1人でほとんど差が出ない，あるいは時には1人の方がよいパズルは結構色々あるが，中でも典型的なのは「水瓶問題」などの名で呼ばれる計算型のパズルである。九点問題は，「図の中の9つの点を，4本のつながった直線ですべて通れ。ただし曲がっていいのは3回だけである」というもの，水瓶問題は「今ここにA, B, Cと3つの水瓶がある。それぞれ定量の水しかくむことができない。これらを使って，それぞれ＜求めたい量＞の水をくめ（A, B, Cそれぞれでくめる量と，求める量は問題ごとに変わる）」という問題である。図12-1に「九点問題」，表12-1に「水瓶問題」を挙げるので，実際自分でも解いてみて，なぜ九点問題は2人が有利で水瓶問題はそうでもないのか，あなたなりの理由を考えてみてほしい。

　実際にやってみて，どんなことに気づかれただろうか？　九点問題は，問題をじっと見つめて解き方を考えていてもなかなか答えが出てこない。実際点のうちのいくつかを通る線をあれこれ引いてみて，どんな線をどこに引くといくつの点をとれるか，やってみながら考える人が多い。2

図12-1　九点問題

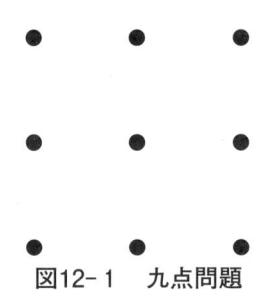

表12-1　水瓶問題

	A	B	C	求める量
問1（練習）		29	3	20
問2（練習）	21	127	3	100
問3	20	59	4	31
問4	18	43	10	5
問5	17	54	6	25
問6	14	163	25	99
問7	23	49	3	20
問8	15	39	3	18
問9	28	76	3	25
問10	18	48	4	22
問11	9	42	6	21

人で解いていても1人で解いていても同じことが起きる。これに対して水瓶問題では，突然式を立てたり筆算を始める人より，3つの数字をどう足したり引いたりしたら求める値が出そうか，頭の中で計算する人が多い。これだけ比較するとどうも2人に有利なのは試してみる「手の外からの見え易さ」で，互いの手が互いの検討の対象になるような場合，不利なのは互いの手が見えにくい場合という区別であるようにみえる。ところが，「手が外から見え易い」問題の中には特に2人がそれほど有利ではないものも多い。もうひとつくらい，この2つの問題を区別する

特徴がほしい。実のところ，この２つの問題にはもう１つ，おもしろい違いがある。九点問題を解くための途中の手，試しに引いてみる線は，線を引き出した時その場ですぐにはその線を引くことそのものがいいのか悪いのか，正解につながる線なのかそうでないのかが決めがたい。相手が思いがけない線を引き始めても，すぐに「あ，それはダメじゃない？」とはいいにくい。反対に水瓶問題は，試せる手がひとつひとつ計算だから，やっていることが正しいかどうかがすぐその場で分かる。「136から99を引くと37だろ？」などと口にした途端，＜その計算そのものが合っているかどうか＞を決めることができる。これは今，水瓶問題を解くために136から99を引くという計算をすることに意味があるかどうか，つまり136引く99は問題解決にとって有効な手かどうかという判断とは切り離してできてしまう「その場の正誤」判断である。にもかかわらず，ここで，たとえば「136引く99は35だろ？」といってしまうと，相手から，「うん？　違ってない？」と，その試みそのものを否定されたともとれる発言を引き出してしまう。これを「手の局所的正誤」判断と呼んでおこう。「手の局所的正誤」に関して九点問題は判断がつけにくいのに対して，水瓶問題は極端に判断しやすい。ここから考えてこの２つの条件，「手の外からの見え易さ」と「手の局所的正誤判断のしにくさ」とが両方備わっていると，２人が有利な傾向が強いといえる。

　ここから，教室で「２人，あるいは複数で取り組む方が，１人より有利」な状況を作ろうという時，どんなことがいえるだろう？　ひとつには，ひとりひとりが違っていてしかも互いの考えが「外から見える」仕掛けがあった方がよい。対話は，もともと「自分の考えをことばにして交わす」行為だから，この条件を満たすには「自分の考えをできるだけことばにし易い」課題設定や状況設定ができるとよい。たとえば，「答えが分かった人」「うまく説明できる人」が発言して，そうでない人が

聞くという場面設定では「互いが考えていることを外に出す」のが難しい。そうではなくて，まだ誰も答えがどうなるか分かっていないのだが考え始めるヒントはあって，「答えが分かりかけてきたら」「説明したくなったら」「考えながら」話せる設定にした方が，誰もが好きな時に「考えを外に出し」易い。司会がいて，まだ話したくない時に「次，あなた話して下さい」といわれるのも困るので，その意味では司会もいない方がよい。2人による問題解決過程についておおよそのことが分かってくると，こういう状況設定の働き方を予測できるようになる。

　もうひとつ，局所的な正誤の判断については，算数数学をはじめとして漢字の読みとか科学的用語とか歴史の年代など内在的にどうしても局所的正誤判断ができてしまうものも多い。そういったものについては，人工的にこれをできるだけなくそうとしてもうまくいかない。したがって，学びの場の設計としては，局所的正誤よりも「手の有望性」，つまりある手を試そうとすることそのものの重みの方が大きくなるような設計が望ましいだろう。これは，多くの場合「解くべき問い」に依存する。先の水瓶問題の場合「求める量をくみ出すやり方は？」という，1つ答えが見つかったらそれでおしまいという問いだと，ひとつひとつ試みる計算の局所的正誤判断が表に出てき易くなる。これに対して，「求める量をくみ出す手はいくつあるか」と問いを変えると，「色々な計算を試してみること」の価値が相対的に上がるので，ひとつひとつの計算の正誤はそれほど目立たなくなるだろう。こう考えると，授業で建設的相互作用を引き起こす活動をデザインする時，「問い」の立て方が重要な役割をはたすことになると予想される。

（2）　教室で「建設的相互作用」を意図的に引き起こすための設計条件

　協調学習はグループの学びの形態をとるが，わたしたちがそこで引き

起こしたいのは，それぞれの生徒たちの間に「建設的」な「相互作用」と，それに伴う「ひとりひとりの考え方や分かり方の深化」である。したがって，協調的な学習をデザインするには，まず「建設的相互作用」がうまく起きた時，そこにどんなプロセスが起きていて，どんな特徴があるものかを具体的な活動の形で抽出し，それらを再現できるような設計条件を準備するとよいだろう。そのうえで，教室で「建設的相互作用」を引き起こすにはそういう活動をどう組み合わせたらいいかについて仮説を立て，それぞれの授業を組み立てるうえで最もよさそうな教材と活動デザインを模索することになる。それでも実際に何が起きるかは，教室の中でそのデザインに基づいて授業をしてみないと分からない。しかしやってみれば，ひとつひとつの授業から，わたしたちはたくさんのデータを得ることができる。そのデータを色々な角度から分析し，そこで何が起きていたのかを解釈することによって，変えるべきところはどこか，次によりよい学びを引き起こすにはどうしたらいいかなど，次の仮説を立てることができる。

　第7章では，保育園児の「氷作り」を取り上げて，保育園児が「遊びから学ぶ」過程を詳しく見た。あそこではどんな活動が起きていたのかをもう一度簡潔に整理しておこう。

① 参加者が共通して「答えを出したい問い」を持っていた。
② 問いへの答えを，ひとりひとりが，少しずつ違う形で，最初から持てた。
③ ひとりひとりのアイディアを交換し合う場があった。言い換えれば，みんな自分のいいたいことがあって，それがいえた。
④ 参加者は，色々なメンバーから出てくる多様なアイディアをまとめ上げると「答えを出したい問い」への答えに近づくはずだ，という期

待を持っていた。
⑤ 話し合いなどで多様なアイディアを統合すると，ひとりひとり，自分にとって最初考えていたのより確かだと感じられる答えに到達できた。
⑥ 到達した答えを発表し合って検討すると，自分なりに納得できる答えが自分なりに説明できるようになった。
⑦ 納得してみると，次に何が分からないか，何を知りたいか，が見えてきた。

　ここに挙げたことと同じ質の活動を教室で引き起こすことができれば，その教室では子どもたちが建設的な相互作用を通して，ひとりひとり授業前に比べて授業の後に自分なりに「適用範囲が広くなった」と自覚できる学びが起きるだろう。これらひとつひとつの活動について，具体的に保育園でそれを引き起こしていた「場の設計の仕方」を考えると，別の教室で同じようなことを引き起こす「場の設計の仕方」が見えてくる可能性がある。たとえば本吉の保育園で②が起きたのは，「好きな容器に水を入れて好きな場所に置いて帰ろう」という具体的なもののやり方がとられていたからともいえる。次の節で，実際①から⑦に当たる一連の活動を引き起こすことを設計条件とした授業デザインの構成と，授業を実際行う時どう進めたらいいか運営上の工夫を検討していくことにしよう。

2. 建設的相互作用を設計条件とした授業デザイン：知識構成型ジグソー法

　上で説明した7つの特徴を持つ活動を教室の中で引き起こすために，授業中子どもたちがどんな活動をしたらよいかを想定して，協調的な学

第12章　知識を統合して新しい答えを作る　｜　181

びを引き起こす授業デザインの「型枠」を作ってみよう。ここではそれを「知識構成型ジグソー法」と呼んでおく（詳細は文献（CoREF）のURLを参照して頂きたい）。

（1）　授業の構成

　まず前節の設計条件①を実現するために，授業で「解くべき問い」が要る。その問いへの答えを，先生が与えるのではなく，子どもたちひとりひとりが自分で考えてほしい。次にその答え作りにつながる形で設計条件②を実現したい。普通の教え方だと問いが出された途端クラスの全員が（ほんとうは第2章で説明したようにたいていの人はひとりひとり考えていることが違うので，②が満たされている可能性が大きいとしても）②を自覚していることはほとんどない。したがって，「ひとりひとりの考えていることが違う」状況を教室で人為的に作り出すために，答えを出すのに必要な部品をいくつか，グループに分かれて担当して理解し，各部品担当者が1人ずつ集まって新しいグループを作り，そこで部品を交換統合して答えを出すような仕掛けが有効だろう。これが設計条件②を担保する。この時，部品を統合する活動が，第1章図1-1のレベル2でレベル1と3をつなぐ活動になっていることが望ましい。この仕掛けは，設計条件③を満たすことにもなる。なぜならここで起きる過程は普通先生が説明してしまう解や解の根拠を，子ども自身が自分たちで必要な部品をくみ上げる過程なので，「まだ誰も答えが分かっていない」状況で，ひとりひとりが「答えを作りながら」「考えながら」「自分が話したい時に話せる」仕掛けにもなっているからである。こういう状況では，子どもから見ると，先生が問いを提示し，それに答えを作り出すために必要な資料を先生が提供している。それが設計条件④を満たす。設計条件⑤を満たすためには，授業の準備として，自分の担当するクラ

スのメンバーの現状をできるだけ正確に考慮して，彼らから見て答えるに値する問いを提示すること，彼らにとって問いへの答えを作るのに当面十分だと思える複数の部品を選定して，それらを適切に提示することが重要になってくる。これで答えが見えてきたら，各グループが「分かり始めてきた答え」をそれぞれ発表し合って，そこでも話し手と聞き手を交代して互いの考えを外に出したり，外に出てきたものを検討したりし合えれば，そこにまた集団による建設的相互作用が起きることが期待できる。この最後の活動が設計条件⑥を満たす。⑦は設計条件というよりは①から⑥がうまく設計され実行されれば出てくることを期待したい付帯条件といってもよいかもしれない。⑦は，その授業で建設的相互作用が実際うまく引き起こされたかどうかを判断する基準にもなるだろう。

　知識構成型ジグソー法による授業の教材は，これらの設計条件を満たすよう，問いと答えを作り出すための部品から構成される。子どもたちの活動としては，クラスを部品の数のグループに分け，それぞれのグループで部品をひとつ担当して，その内容を理解し，各グループから1名ずつ集まって新しいグループを構成し，集まったメンバーで部品を統合して問いへの答を作る。部品を担当して理解する活動を「エキスパート活動」，各エキスパート・グループから1名ずつ集まって答を作り出す活動を「（知識構成のための）ジグソー活動」と呼ぶ。

（2）　活動の流れと運営上の工夫

　実際のクラスでの活動の流れは，子どもを主語にして考えた場合，次のような順序で進められる。

ⅰ　問いへの答えとして思いつくことを書き留めておく。
ⅱ　エキスパート・グループに分かれて担当した部品を検討し，話し合いながら内容を確認し，説明の仕方を相談する。

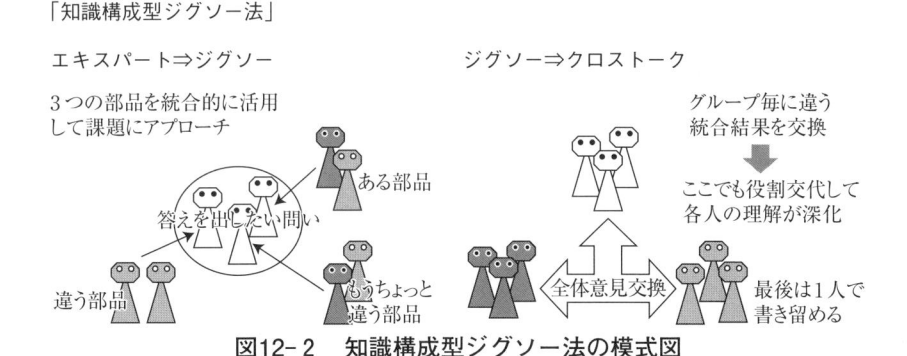

「知識構成型ジグソー法」

エキスパート⇒ジグソー
3つの部品を統合的に活用して課題にアプローチ
答えを出したい問い
ある部品
違う部品
もうちょっと違う部品

ジグソー⇒クロストーク
グループ毎に違う統合結果を交換
ここでも役割交代して各人の理解が深化
全体意見交換
最後は1人で書き留める

図12-2　知識構成型ジグソー法の模式図

ⅲ　各エキスパート・グループからひとりずつ集まってジグソー・グループを作り，部品の内容を統合して問いへの答えを作る。

ⅳ　大体答えが出来てきたら発表し合い，他グループの発表を参考に考え出した答えの表現の仕方を工夫する。

ⅴ　締めくくりとしてⅰと同じ問いへの答えを記述する。

図12-2にこの流れを図式的に示した。

　図では部品が3つになっているが，3つでなければいけないというものではない。1コマの授業が45分から60分程度とした場合，エキスパート活動に15分から20分程度，ジグソー活動に20分から25分程度をかけるとすると，時間的に見て3つ程度の部品の内容を説明し合い，統合して答えを出すのが時間的に適当なのと，部品が2つだと統合する際互いが対立した視点から取り組まれ易いのに対して，3つあるとそれらを何とか組み合わせて答えを作り上げる雰囲気が作り易いなどの理由から，部品3つで1つの授業を組み立てることが多い。グループの編成は，原則としてエキスパート・グループ，ジグソー・グループとも無作為に編成する。その方が上述した設計条件に合うからであり，逆に得意な子にそ

の得意な内容を担当させたり，「分かっている子」に説明させたりといった活動は，設計条件のうち特に②，③，④や⑤をうまく満たさないからでもある。クロス・トークは，全グループが発表できるとよい。クラスの全員が全員理解の程度が上がり，答えが出かかっている状態というのは通常の解説中心型の授業ではあまり起きないが，そういう状態の時，「自分とは違う」表現に出会うと，そこから自分の分かり方をうまく表している表現を取り込み易い。だから，先生から見たらどのグループも「同じような内容」を説明していても，ひとりひとりにとっては「少しずつ微妙に違う表現の仕方の中から，自分に最もしっくりくるもの」を見つけて自分のものにする活動が活発に起きる。この時期に先生が自分の求める表現をうまく子どもたちの発言に乗せてコメントすると，その次に発表するグループがその表現を自然に使って発表したりすることが見られることからも，クロス・トークの段階で聞き手に回っている生徒たちが自分の考えに適切な表現を与える活発な構成活動を行っていることがうかがわれる。こうやって授業の最後にはひとりひとりが自分なりの表現を構成していく。その結果をその場で書き留めておいてもらうのが活動のⓥである。これを行うことで，最初にひとりで書いたⓘの活動の結果とⓥで書けるようになった結果を子どもたちがひとりひとり自分で見比べてみることによって，設計条件の⑥が満たされ，⑦が誘発される。ⓘとⓥで子どもたち全員，書けることの質が上がっていれば，ⓘⓘから ⓘⓥで起きていた相互作用がひとりひとりにとって建設的だった，といえる。先生にとってもⓥでどこまで答えの質が上がったかを見て取ることにより，次の授業の展開が考え易くなる。

　話し合う活動は，同じグループのメンバーがみな同じ資料を持っているエキスパート・グループよりも，みんながそれぞれ違う資料（違う知識，違う視点）を持っているジグソー・グループでの方がやり易いのが

普通である。だから，エキスパート活動ではあまり話し合いが活発には起きないことも多い。これまで一緒に活動したことがない初対面の人たちにこの型の授業を体験してもらう時などであれば，隣同士で座っているなど，話し合い易そうな人たちでエキスパート・グループを作った方が自然な活動が起き易い。エキスパート活動で分担した資料の内容が完璧に理解できてしっかり説明できるところまで準備をしないといけないということもない。エキスパート資料の内容，つまりひとつひとつの部品の「意味」は，ジグソー・グループに移って他の資料の内容と照らし合わせてはじめて「答えを作るためのひとつの部品」であることの意味がはっきりすることも多い。ジグソー活動で他の部品と組み合わせていく中で，他人の力も借りながら，ひとりひとりがそれぞれ理解を深めていければそれでよい。実際，授業後時間が経つと子どもがエキスパートグループでどの資料を担当していたのか分からなくなっていることもまれではない。子どもが覚えているのは，また覚えていてほしいのは，問いとそれへの自分が考えて作り上げた答えであり，エキスパート資料のひとつひとつはそのための「断片的な」「一部品」でしかないからである。その細かい内容は，必要になったら資料を見ればそこに書いてあるし，ウェブ上を検索すれば出てくるだろう。それをどれだけ覚えておくかより，それを他の知見と結びつけるとどんな答えが導き出せ，そこからどんな「次に学びたい問い」が自分で作れるか，が学びの質を決定し，対話によって自分の考えがよくなる「学び方への自覚」を促進する。

（3） 高等学校での実践例：「葉はなぜ緑か？」

ここでは，2011年に埼玉県の公立高等学校で実践された高校3年生の生物の授業を紹介する。葉に光を当てるとデンプンができる「光合成」は小学校の理科にも出てくる概念だが，実は葉は，光合成によって光エ

ネルギーを化学エネルギーに変換している。高校3年生でこの仕組みを勉強する導入として、「葉はなぜ緑か？」という問いに自分たちで答えを作り出す知識構成型ジグソー法による授業が行われた。

a 「葉はなぜ緑か？」：授業を構成する問いと教材

ここで紹介する授業は生徒の40％ほどが就職する高校で行われ、その時の受講者数は26人だった。

この授業で使われた部品は、以下の3つだった。授業ではこれらの内容がそれぞれ図も含めてエキスパート資料としてA4用紙1枚にまとめられ、要点をまとめる助けになる小問が設けられていた。

・エキスパート資料A：「色はどうして見えるのか？」

　太陽の光を分光すると波長によって異なった色が見えること、特定の波長が網膜を刺激するとその波長の色が見えること、リンゴが赤く見えるのはリンゴが赤や橙の波長の光を反射しているからであることが説明されている。

・エキスパート資料B：「葉緑体の光吸収スペクトル」

　植物の光合成反応は、クロロフィルが光を吸収することにより行われること、クロロフィルが吸収する光の波長別エネルギー分布を見るとクロロフィルは430nmから470nmと650nmから710nmあたりの波長の光をよく吸収し、480nmから600nmあたりの波長は吸収していないことが説明されている。

・エキスパート資料C：「エンゲルマンの実験」

　アオミドロという水草と好気性細菌（酸素がないと生きられない微生物）を容器に入れ、まず白色光をアオミドロ内の葉緑体のある部分とない部分に当てて調べ、次いで光を分光して色々な色の光に分けてそれをアオミドロに当てて調べたところ、好気性細菌は、葉緑体のあ

るところ，また赤や青，紫色の光が当たる部分に多く集まっていた。この実験のやり方と結果が説明されている。

このクラスでは，エキスパート活動とジグソー活動にそれぞれ約20分をかけ，最後の発表までが60分で行われた。

b 「葉はなぜ緑か？」：知識構成型ジグソー法で学ばれたこと

この授業で実際どのような学びが起きたのか，2つのデータから見ていこう。ひとつは，問いに対して生徒が最初に書けたことに対して最後に書けるようになったことがこの授業を作った先生の期待する答えにどれほど到達していたかを調べることで，生徒たちは自分たちなりに先生の期待する答えを作れたか，先生の期待するレベルの理解に到達したかを確かめることができる。

この授業を作った先生は，生徒たちが最後に書けるようになることの中に次の2つの視点が含まれていることを期待していた（授業を実施する前に先生が自分の期待を明確に表現しておくとこういった確認作業をやり易くなる）。

・光合成に使われる光の波長
　——緑色の光は光合成に使わない
・光の反射と視覚に関する情報
　——緑色の光を反射するので緑色に見える

これらの視点が生徒の書いたものにどれほど含まれていたか，視点毎に授業前と授業後これらの視点を表現する書き方をしていた生徒の人数をグラフにしたのが図12－3である。図12－3のグラフは，普通の公立高校で，一回の知識構成型ジグソー法による授業によって，クラスの構

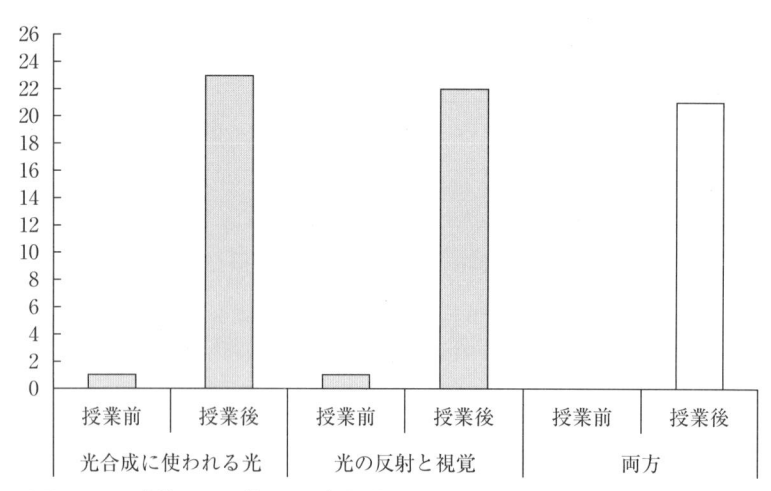

図12-3 「葉はなぜ緑か？」授業前後に教師の期待する要素を記述できた生徒の人数（N＝26）

　成員の8割，26人中21人がこのレベルの答えを自力で作り出し，一連のつながりのある文章として表現できることを示している。その後この同じ教材を使った同じ構成の授業が他のクラスや体験研修でも繰り返し使われ，校種や受講者が違っても，そのそれぞれのケースでほぼ確実に建設的相互作用が起き，受講者の6割以上がほぼ正解に達することが確かめられている。
　この型の授業は，ほんとうにひとりひとりの生徒について「理解が進む」ことを保証しているのだろうか。それを調べるために生徒ひとりひとりが具体的に授業の前後で何を書けるようになっていたかを比較してみよう。最初に書かれていたこととしては，「葉緑体があるから」という答えが多い。間違ってはいないが，すぐ次に「ではなぜ葉緑体があると緑色に見えるの？」という問いが出てきてしまうので，充分な説明にはなっていない。最初この答えを書いていたG君を見ると，最後には

「エンゲルマンの実験によって，赤，青，紫の部分に酸素があることが分かった。よって緑色，黄色は光合成には必要ない。だから必要ない緑，黄の光は反射する。よって人の目には葉は緑色に見える」と書いている。クラスでただひとり最初から1つ目の論点「光合成に緑の光が必要ないので」と書いていたS君について見てみると，最後には「光合成には緑色光は必要ないので反射してしまう。したがって反射された緑色光が目に見える」と書いていた。断片的だった表現が，最後には理由をきちんと取り込んだ説明文になっている。S君にはS君なりの学びがあったといえるだろう。はじめから少し答えが分かっている生徒にとっても，その答えの質が上がる授業になっていたことが分かる。

　この授業が建設的だったかを調べるもうひとつの切り口は，受講した人たちから自然に「次のレベルの問い」が発せられるかを見ることである。人は，分かろうとしている対象について分かってくるにつれ，質問が出るようになるものなので（Miyake & Norman, 1979），質問が出てくることは理解が進んでいることの証になり得る。実際この授業をあちこちで実施した結果，授業後に色々な質問が出てくることが見えてきた。「葉が秋に散る前紅葉するのは，人を楽しませるための努力ではなく，単に仕事を辞めたからか」，「海藻が緑ではなく茶色かったり深い所では黒っぽかったりするのは，そこまで届く太陽光が弱いので使える波長を区別せず何でも吸収しようとするからか」などの質問が出る。こういった質問が，授業者側から積極的に「質問を出して下さい」と促すことなく自然な会話の中で生み出されていく。こういった現象は，人が本来自ら学ぶ力を持っており，それが自由な対話を保障する環境の中で解発されることを示しているだろう。

　ここで取り上げたG君，S君を含むジグソー・グループにはもうひとり，なかなか納得のいく表現にたどり着かず，授業の最後あと1分とい

うところで「あー，分かった！」と大きな声を上げたKさんがいた。この3人の対話の記録を詳しく見ると，ジグソー活動のかなり初期のところでまずG君がS君の発言をヒントに分かった気になり，それをKさんに説明しようとして何度も何度も言い方を変えていくうちに自分なりにしっかり表現できるようになっていく過程が見て取れる。S君は多くは発言しないが，G君が分かってくれないKさん相手に苦戦している最中，S君に向かって「俺の説明へたなのかなぁ？」と問いかけると「そんなことない，うまく説明できていると思うよ」とエールを送っている。こういうやり取りの記録が簡単に先生方の手元に届き，研究者も交えて分析できるようになると，先生方の授業作りも今より格段にやり易くなり，また人はいかに学ぶものかについての知見も，今よりずっと厚みを増すことになるだろう。

　現在この形の授業は，まだ取り組まれ始めたばかりではあるものの，各地の市町，県の教育委員会で推進され，小学校中学校での主要四教科を中心に高等学校ではほぼ全教科での授業実践が蓄積されつつある。実践からは子どもたちの対話を通して学びの過程が見える。前の時間，先生から説明されたことをそのままハキハキ授業の最初に答えられる子が，ジグソー活動の中で説明に詰まって自分の答えを見直しにかかったり，最初は何も答えられずことばの使い方もあやふやだった子が，周りの仲間の対話を注意深く聞いている途中からそのことばを正確に使って活発に自分なりの答え作りに取りかかったり，実践毎に子どもの数だけ多様な学びの姿がある。こういう実践から私たち研究者が学べることはとても多い。だからこそ，私たちは，教育心理学は実践の科学だと考えている。

引用文献

三宅なほみ (2000)「建設的相互作用を引き起こすために」植田一博・岡田猛編『協同の知を探る：創造的コラボレーションの認知』共立出版, pp. 40-45.

Miyake, N., & Norman, D. (1979) To ask a question, one must know enough to know what is not known. *Journal of Verbal Learning and Verbal Behavior, 18,* pp. 357-364.

CoREF
http://coref/u-tokyo.ac.jp

第IV部　学び，教育，学習研究のこれから

　ここまで，第I部では人が学ぶ仕組みがどのようなものかを確認し，第II部でそういった仕組みが自然に働いている場で起きる学びの姿を検討した。さらに第III部では，そこから抽出された「学びの原理」を活用して，実際に今学校でどのような実践が可能なのか，そういった実践がどんな成果を生み出しつつあるかを検討してきた。第IV部では，こういった実践研究を積み重ねて見えてくる，教育心理学研究のこれからを考えていきたい。人は，生きていさえすればずっと学び続ける生き物である。おそらく生きとし生けるものみなそうなのだろう。その力をうまく使って現在を生き抜き，次の世代を作っていけるのなら，そのこと自体が学校での学びのゴールになってよいだろう。そういうことを学校教育のゴールにするなら，実践の評価の仕方も変わる必要がありそうである。ゴールが変わり，評価の仕方が変わっていく中で，わたしたちは，わたしたち自身の学びのモデルを変えていく必要がある。教育心理学を学ぶことは，そういう学びのモデルを変えるための役に立つものであってほしい。この教科書の最後の3章では，あなたの学びのモデルを作り変えるための素材を提供する。

13｜テクノロジーの時代の学習と教育

　　　三宅　芳雄・三宅なほみ

　今，ネットワーク文化が大人の仕事の仕方を変え，社会や文化のあり方そのものを変えている。それに合わせて「学校」や「教育」というものの果たす役割や学びのゴールのあり方も大きく変わろうとしている。1つの発信源（たとえば1人の教師）が，地球上のありとあらゆる所に住む数十万，数百万という受け手に対して授業するなどということが可能になったのは，おそ

らく人類史上はじめてのことである。一番大きいのは，社会がデジタル化するにつれ，わたしたちがいつ何を学べるか，学習のチャンスそのものが変わることだろう。チャンスが増えれば，わたしたちひとりひとりが学びの主人公になれる。その気さえあれば学び方も学びのゴールも自分で決められる。第13章では，こういった大きな変化に伴って学びのモデルがどんなふうに変わりそうか，また学びのモデルの変化に伴って今の時代に要請される学びのゴールがどう変化しそうか，さまざまな観点から比較しながら考えてみよう。

1.「学びのモデル」の三態変化

　第9章で見たように，昔から機能していた学びの形のひとつに徒弟制があった。すでに社会的にプロとして認められている親や親族のもとで，若者がじっくり時間をかけて少しずつプロになっていく学びの形がこれである。そういう学びの場には，常に「学びのゴール」が目に見える形で存在していて，しかも親方が「うまくなる」につれてそのコミュニティの「学びのゴール」そのものが変化することも周りの者が実感できた。それでもそこで学びのゴールを決めるのは親方であって，徒弟ではなかった。これから学び始める若者（つまり，生徒）の数より，ある程度学んでいるメンバー（つまり，教師）の数の方が多いのが普通で，若者は，自分にできる役割を与えられながら，徐々に「プロになっていく」ことができた。そこは，状況が制限されているからこそ，その状況に支えられて学びがうまくいく世界でもあったといえる。この時代をコリンズとハルバーソン（2012）に倣って「徒弟制時代」と呼んでおこう。
　これが，産業革命の時代を迎えると，子どもが将来親や親族がやっていた仕事に就くとは限らなくなり，仕事のやり方そのものを新しく覚える知力，なんでも要求されれば対応できる「訓練可能性」が重視される

ようになってきた。読み書きや，計算の基礎や，「いわれたことをいわれた通り再現できる能力」を，できるだけ短期間で，できるだけ多くの子どもたちに身に付けさせる必要が出てくる。親や親族に任せておくより，時代の権力がまとめて面倒を見た方が効率がよさそうである。こうして，公教育制度としての学校が盛んになる。学びのゴールは，時の権力が牽引する。学校をうまく運営し，訓練可能性の高い若者を短時間に大量に排出できる社会程，豊かになる可能性が増す時代がくる。「公教育制度時代」と呼べるだろう。

　今，まだこの公教育至上モデルは生きている。まだまだ十分機能しているといってもいい。それでも今このモデルが，2つの方向で変わりつつある。ひとつには，徒弟制時代が公教育制度時代に変わるきっかけになった「短時間で」身に付けさせたい「基礎的な能力」そのものが短時間で変わってしまう時代になった。公教育制度時代には，学校で基礎的な能力を一度身に付けておけばそれがその後社会に出てからの成長をそれなりに支えてくれたが，最近「基礎的な能力」そのものを社会に出てからも何度も学び直さなければならなくなってきた。こうなると，基礎的な能力を身につけるより，基礎的な能力の「学び方」そのものを身に付けておけるものなら，そうしておいた方が有利だということになる。学びのゴールが学び方になる。もうひとつの変化としては，情報の流れ方そのものが変化する中で，何かを学びたいという時，頼れる先が学校以外にもいろいろ増えた。一昔前までは英語を学びたければ中学生になるまで待って学校で習うという形がほとんど唯一の選択肢だっただろうが，今はテレビやインターネットで提供される英語番組だけを考えても，文字通り数え切れないほどあり，レベルもさまざまである。この2つの方向性での変化をまとめて表現すれば，生涯いつでも何かを学ぶ必要性が出てきたら，あるいは単に学びたくなったら，たくさんある学び方の選

択肢の中から自分で選んで学べばよい時代,「生涯学習時代」が始まったといえるだろう。学びのゴールは自分で決める時代の到来である。

2. 3つの時代の学びのモデルを8つの観点から比較する

上述した3つの時代の学びのモデルを提唱し,その比較から新しいデジタル社会の学びを検討しているコリンズとハルバーソン (2012) は,この3つの学びのモデルを「責任」「期待」「内容」「方法」「評価」「場所」「文化」「関係性」という8つの観点から検討している。以下では,それらの観点にそって,学びのゴールがどう変わっていくかを検討しよう。そこから,今後教育心理学が取り組むべき課題を見ていこう。

(1) 責任:子どもの教育に誰が責任を持つか

徒弟制時代では,子どもたちが何を学ぶかは保護者が決めていた。保護者は,子どもがどの職業を目指すのかを決め,もし男の子が父親と同じ道を進むのであれば父親が訓練し,そうでなければ男の子は別の仕事を学ぶため親戚か知り合いのところに弟子入りさせた。産業革命の始まりとともに,たとえばアメリカでは,保護者ではなく政府が責任を持って移民の子どもたちにアメリカの価値観とことばを学ばせることを含めて,公教育によってすべての子どもたちをアメリカ市民として成長させること,子どもたちに保護者が持っていない態度や価値を育てることがゴールになった。これが現在,ホームスクーリングなどが活発化する中で,教育に対する責任は政府から学習者自身(小さな子どもであれば本人の意をくんで親)に移ろうとしている。責任を持つものが個人になれば,当然何をどこまで学ぶべきかも多様化する。この動きは,特定の学習者のニーズや興味,能力に応じて教育をカスタマイズする重要性を反映して,さまざまな形態で試され始めている。

（2） 期待：教育効果として何を期待するか

　産業革命以前，保護者が期待した子どものための学びのゴールは，保護者が習得したことと同じものだった。それが産業革命後，アメリカを中心として，教育によって全員を同程度にレベルの高い成功者にすることができるという考え方が出てきた。共通の教育システムが作られたことで，アメリカ社会では，誰でも進歩できる社会的流動性が担保されるようになった。子どもたちにとって「学校でしっかり学ぶこと」は，社会の中で優位に立てるための重要な一手段だった。しかし全員が学校に行くようになったことの裏返しとして，子どもたちは，保護者の目標や価値とは異なる形で世の中に出ていく教育を受けることになった。この教育に対する期待は，今もう一度変わり始めている。確かに全員の成功を目標とした教育は，現在でもまだ広く存在している。しかし，若い世代は，自分自身の生活や教育に対する責任を自分でとろうとするようになってきた。彼らはしばしば，学校が提供する内容ではなく，彼ら自身が興味を持ったことや，自身のキャリアを進歩させるために必要と考えていることを追求する方を自分自身の学びのゴールとして選んでいる。今後，ネットワーク上で教育を受ける機会が増すにつれ，この傾向は世界的に広がっていくだろう。

（3） 内容：教えるべきことはどんなことか

　知識が爆発的に増えている今，大人が必要とするすべての知識を学校で教えるのは不可能になってきている。新しい知識の増大や，教育に対する需要の高まりに対して，毎年のように学校を拡張していくことは，現実的ではない。現実的なのはひとりひとり自分で何を学びたいのか自分で選べるようにしておくことだろう。そうなると，学び方についての学習や，役立つリソースを探す方法の学習が，教育の目標としてもっと

も重要になってくる。さらに自分が学びたいことの範囲を自分で広げるために、さまざまなメディアを用いた問題解決やコミュニケーションのスキル、さまざまなバックグランドを持つ人々と対話するための対人スキル、見つけたものからの学び方や新しい情報の活用の仕方といった、より一般的なスキルが注目されるようになってきた。たとえば1991年にアメリカ労務省から発刊されたSCANSという報告書 (SCANS Commision, 1991) では、21世紀に社会で働くための準備として、以下のような5つの領域をコア能力として学ぶべきだと主張されている。

・リソース：リソースを見分け、整理し、企画し、配分する能力
・対人関係：他者とともに働く能力
・情報：情報を収集し活用する能力
・システム：複雑な相互関係を理解する能力
・テクノロジ：さまざまなテクノロジを用いて働く能力

　過去1世紀にわたって、同じ作業を繰り返す定型的な仕事は姿を消してきており、柔軟性と思考が求められることが増えてきている。人々の生活と仕事が変わり続けるように、人々は一生を通じて、新しい知識とスキルを学び続けなければならなくなってきた。それに伴って、ひとりひとりいつ何を学ぶかをどう決めるか、学びのゴールの決め方そのものを学ぶ必要が出てきたということだろう。

(4) 方法：どんな教え方がうまくいくと考えられているか

　徒弟制時代の教育方法としては、モデリング、観察、コーチング、実践などがあった。大人は、物事の見本を示し、徒弟が経験から得難いところを支援しながら、徒弟が試みているところを見守っていた。徒弟制は、いつも2人か3人の徒弟のために知識を持った大人が対応できるので、多くのリソースを投入して、近い関係で手ほどきを与え、ほとんど

全員が学ぶことができる効率的なシステムだった。これに対して公教育が盛んになってくると，教師に対して生徒の割合がとても多い中でも教えられるよう，集団教育の手法が発展した。こうして子どもたちに質問に答えさせたり，宿題を行わせ，後から教えたことについて学んだかどうかをテストする「後ろ向き」の形式が定着した。講義は，教師にとっては，生徒に伝えようと考えている自分の知識以外にリソースを必要としない，もっともシンプルな教育方法だった。

　これに対して生涯学習時代の教育方法は，第Ⅲ部で紹介してきたようにインタラクション（相互作用）を活用する方向で発展している。コンピュータ上の家庭教師やウェブ上のゲームなど，優れたテクノロジを使ったインタラクションや，コンピュータ・ネットワークを使った人同士のインタラクションが多様な形で使われ始めている。コンピュータ上の家庭教師は，学習者個人に合わせた課題を用意したり，課題に取り組む際にガイダンスやフィードバックを与えたりするなど，徒弟制モデルを真似た手法を使っている。学習をガイドするタイプの教育方法は，コンピュータ上の家庭教師の世界をさらに超えて，学習者のレベルや目的に合わせて，ビデオゲームパズルの解き方や，自分の資産のポートフォリオのバランスを保つためにどれだけの自動車関連の株式を購入すべきかなど，これまで学校では扱ってこなかった特定の内容毎にアドバイスすることもできる。遠隔学習でも，教師が生徒の参加したグループがどのようにプロジェクトを進めているかを丁寧に把握してアドバイスするなどの相互作用が可能になっている。徒弟制が実現していたような丁寧で個別的な指導が，コンピュータによって，すべての学習者に広がる可能性も出てきた。こういった手法の多様化は，学びのゴールの多様化に合わせて進んできている。課題としては，こういうやり方が普及することによって，生徒同士が現実に同じ場で物理的に一緒に過ごすようなイ

ンタラクションが減り，ひとりひとりがより孤立してしまう可能性，また学習者が自身の日常的な生活空間や仲間，状況から切り離されてしまう可能性があることだろう。

（5） 評価：教育をどう評価するか

　徒弟制時代の大人は，学習者を注意深く見守っていた。寄り添いながら指導し，でき得る課題を与え，成功を見届けていた。課題解決の過程を見守ることは，徒弟が何ができるようになったかの評価と，そこから次に何を教えたらいいかを判断するための形成的評価との両方の役割を兼ね備えていた。課題の最中に与えられる励ましや批評は，学習者を導くフィードバックだった。公教育時代に入ると，学習者が教わったスキルや知識を獲得できたかどうかを測定するために，標準テストが出現した。テストは，教室にいる生徒が同じレベルにいるかどうかを確かめるために作られた。それだけではなく，生徒をクラス分けしたり，進級するだけの学力を身に付けたかどうかを判断したりするためにも使われた。テストは，合格したり不合格になったりするものになり，生徒は順位づけされ，ついには他の人ができて自分ができないことに対して挫折感を生じさせるものになった。

　生涯学習時代では，徒弟制時代のようなひとりひとりの成長過程を見守る形の評価がまたできるようになってきた。このやり方は，コンピュータを使った学習環境に特に当てはまる。評価は，学習者が課題に取り組む最中に実施され，学習にしっかりとつながっている。学習プロセスに評価が埋め込まれていることで，コンピュータが適切な支援を提供できれば，ひとりひとりが自分なりに成功し，達成感を味わうことを保証できる。これからは，学習者を次の学びに導くような支援の仕方がコンピュータを使ってどこまでできるかなど，新しい評価方法の開発も

期待できる。それによって学びのゴールもさらに多様化していけるだろう。

（6） 場所：学びはどこで起きるか

　徒弟制時代，ほとんどの仕事は，家族や家内工業で成り立っていた。子どもたちは家で，両親や親戚など大人の活動を真似することで学んでいた。町や都市では，子どもたちは1年から2年，学校に行かされたこともあったが，そこはほとんどの子どもにとって生きるために必要な学習が起きる場所ではなかった。教育の主な現場は，家や牧場，あるいは隣接する店舗だった。産業革命により，親たちは家の外で働き出し，子どもたちは，将来の生活のうえで必要になることを学ぶために学校に集められるようになった。しだいに，学校は教育の主要な現場として見られるようになった。軍隊やビジネスといった仕事場でさえ，人々が何らかの課題についてトレーニングする時には，学校のような場が作られた。

　今，教育は，さまざまな場所で起きるように変わってきた。教材は，コンピュータやウェブからアクセスすることで，どこでも手に入れることができる。生涯学習の学習者は，PDA（携帯情報端末）などのツールを持ち歩き，活用している。インターネット上の学習環境や学習コミュニティが新しい学びの場になりつつある。多くの町やビルでは，無線LANが提供されていて，アクセスポイントは急速に広がっている。学びのゴールの多様化につれて学びが起きる場も多様化し，人々が，いつでも，どこでも，学びたい時に学習できる時代が近づいている。

（7） 文化：教育を支えているのはどんな文化か

　産業革命以前には，子どもたちは，周りで働く大人の文化の中で学んでいた。子どもたちが取り組む作業は本質的なもので，彼らは生徒とい

うより，お手伝いとして扱われていた。つまり，子どもたちは自らが学んでいることの重要性に気づいていたし，仕事を進める集団の中で欠かすことのできない存在だった。年令の違う兄弟・姉妹や他の弟子たちと密接な関係を持っていたので，同年代だけが集まって作り出す文化は生まれ難かった。子どもたちの仕事は真剣なビジネスであり，その仕事について学ぶことは，彼ら自身にとっても，彼らの家族たちが生き残っていくうえでもきわめて重要だった。産業革命時代の学校教育の到来とともに，若者の仲間文化が出現し始めた (Coleman, 1961)。この新しい仲間文化は，10代世代の意見が反映され，20世紀の間，だんだん大人の文化の期待や価値とは違う，異質なものになっていった。中学校や高校では，同じ年齢の子ども同士が集まり，仲間文化の発展につながった。独自の価値や信念を持ったコミュニティを作るには，子どもたちは，十分な年齢に達していることと，十分な人数が集まっていることが条件である。仲間文化が発達した時，仲間文化は，学校文化や若者文化との違いを強調するようになった。

　学校から学びの場所が移動すると，子どもたちは，親や他の大人たちと一緒に，あるいはメディア環境の中で課題に取り組む機会が多くなるので，同年代の仲間文化は弱くなるかもしれない。実際アメリカの親たちは，家で教育することで，仲間や，より広い社会の影響から子どもたちを守ることができると考えているという報告もある。一般的に，教育が生涯活動になるにつれて，大人と子どもがともに学ぶ状況は増えていくだろう。新しい学びのゴールの出現に伴って年齢の異なる人たちが新たな学習文化を築くことにつながる可能性も増えるだろう。新しい形の教育について，新しい研究テーマが出てくることにもなるだろう。

（8）関係性：学ぶものと教えるものの間，学習と教育の間にどんな関係が存在するか

　学びのモデルが変化するにつれ，学びの場での学ぶものと教えるものの関係は，過去に「個人的結びつきから権威者へ」と変化した。そして今また，「権威者からコンピュータを介した多様な相互作用へ」と変化しようとしている。

　徒弟制時代の子どもたちは，ともに育ち，よく知っている大人から学んでいた。子どもたちの教育のほとんどは，親もしくは身近な親戚や友人がもたらしていた。子どもたちは，教わった人たちと深い絆を築いていた。深い絆は，子どもたちの学びに多くの効果があった。子どもたちは，一生懸命頑張らないと，彼らが生活していくうえで大事な人たちを失望させてしまうことを分かっていた。多くの子どもたちは，責任を果たせるように頑張り，教わっている大人たちから喜ばれるために，できる限り学んだ。大人たちも，子どもたちのことをよく知っていたので，子どもたちのニーズや興味，能力に合わせて教えることができた。公教育制度の到来により，子どもたちと先生は，授業の初日に初めて出会い，そこから急に親しい関係を築き上げなければならなくなった。多人数対1人という生徒対先生の比率では，徒弟制で見られたような関係を構築するのは困難である。生徒は自分で自分の将来のために，学校に通うことの意義を見つけなければならなくなり，一方で教師に敬意を払おうとするかどうかも，生徒たちが自分で決めることになった。学校では，権威を与えたり，受けたりすることそのものが文化の一部なのである。

　生涯学習は，徒弟制による学習に見られた関係性のいくつかを取り戻している。興味をもとにした学習は，学習コミュニティの参加者が縦横につながり合うことで，発展していく。そのような関係の多くは，徒弟制の学びの特徴である，メンターと生徒のインタラクションを再現して

いる。遠隔教育コースを履修する場合，インターネット上で共通の関心について，教師や他の生徒たちと対話もできる。オンラインでの関係の中で教師たちは，学習プロセスを分析したり，学習結果に関するフィードバックを送ったりすることに集中できる。

　コンピュータシステムは，よい教師のように温かなサポートを提供することはできない。その一方でシステムは，決められたフィードバックを批判的ではなく公平に提供したり，同じ質問に少しずつ内容を変えながら何度でも答えたりすることができる。コンピュータベースの学習では，多くのものが欠けているように思われる半面，コンピュータ環境の持つ高度なインタラクションは，部分的ではあっても人々のつながりの欠落を補う可能性も持っている。今後，オフラインの友達や家族が学びに与える影響や，あるいはオンラインで共通の興味を共有する人たちとコミュニティを形成することが学びにどう影響するかなど，さまざまな新しい研究テーマが出てくる分野だといえるだろう。

　コリンズとハルバーソン（2012）は，徒弟制時代から公教育制度時代へのもっとも中心的な変化は，子どもの教育の責任を，国家が引き受けたことだったのではないかとしている。国家による教育のコントロールは，同年齢の子どもたちを一緒にし，カリキュラムと評価の標準化を促し，教師と学習者の間の関係を組み替えることで，集団教育モデルを築き上げた。生涯学習時代では，自分自身の学習を深めたいと考える人々は，国家から教育の主権を取り戻し始めている。けれどもその一方で，テクノロジが生み出す広大な生涯学習環境のメリットを享受できなかったり，享受しようとしない学習者が今後どうなっていくのか，丁寧なフォローが必要だと指摘している。

　学習科学では最近，学習を今までよりもずっと長いスパンで研究しよ

うとする傾向が増してきた。その途中途中で学びのゴールが変化する。人が，あることがらについて，ある程度自信を持って「身に付けた」といえるためには，相当長い時間がかかる。北米の学習科学センター拠点の1つ，The Learning in Informal and Formal Environments (LIFE) Center が自分たちの研究の特徴を示すために使っている試算では，人が一生の中でおもに学校など「形式的な教育環境」と呼べる場所で狭義の「学習」をしている時間は，小学校入学直前あたりから高等学校卒業までででも20％足らずであり，その後大学で7，8％，大学院で5％程度だという。この試算が妥当なら，人が一生の間にどのような学習を経験するか，あるいはどのような学習を経験できる可能性があるかを考えるためには，これまで以上に，家庭や職場，地域社会など非形式的な環境での日常的な経験にも研究対象を広げ，これまで以上に長いスパンでの研究を進めなければならないということになるだろう。

3. 学習目標の見直し

学習過程をこれほど多岐かつ長期にわたる文脈で捉え直すなら，学びのゴールについてもこれまでとは少し違った見方ができるだろう。学校の教室で「学んだこと」は，その後の日常生活で問題に直面した時や，仕事で新しいアイディアを開発しようとしている時，あるいは教員であれば教室で「よりよい」教え方を工夫する時などに「役立って」ほしい。そう考えると，学習の目標は，次の3つの性質を持つべきだといえるだろう (Miyake & Pea, 2007)。

・可搬性または portability
　　学習成果が，将来必要になる場所と時間まで「持っていける」こと
・活用可能性または dependability
　　学習成果が，必要になった時にきちんと「使える」こと

・持続可能性または sustainability

　学習成果が，修正可能であることを含めて「発展的に持続する」こと

　可搬性（portability）は，ある教室でのある授業でできるようになったことを，その授業の中だけで「おしまい」にしないで，他の授業を受ける時に基礎知識として役に立てたり，社会に出て仕事をする時に活用できたりすることを意味する。調べてみると，たとえば大学での講義内容などは驚くほど portability が低い。大学１，２年生に教えた講義の内容を彼らが３年生になってからどれほど覚えているか，聞き取り調査をしてみたところ，単語レベルにとどまらない「根拠のついた主張」の形で講義の内容を思い出すことができる割合は，多めに見積もっても３％以下だと推測された。大学での学生の学習成果をいくばくかでも portable にしようと思ったら，学生が受身状態で講義を聞くだけでなく，自ら知識を生成するような積極的な学習活動を設計・支援する必要があるだろう。

　学習成果が必要な場面で役に立つかどうかは，学習成果そのものの特質というよりは，学習者が学習場面とは別の状況で学習成果を「使える」と判断するかどうかにかかっている。言い換えれば学習成果の dependability は，メタ認知と関係が深い。Dependability には，テスト場面で使えるという狭い意味での dependability から，職場や日常生活の場で新しい問題に対処するような拡張的な意味での dependability まで，幅がある。人が，自分の得意領域での知識をこの後者の意味でうまく使える時，そのような知識の使い方を「適応的熟達」と呼ぶ（Hatano & Inagaki, 1986）。上述した LIFE など北米の学習科学拠点センターの中には，この適応的熟達そのものを新しい学習目標として掲げているところも少なくない。

3つ目のsustainabilityは、学んだ成果が発展的に持続することを目指している。知識は、いつまでも同じ形で役に立つとは限らない。新しい理論や技術開発が進めば、古くなった知識は新しく更新しなければならない。更新され深化すると、そこからは発展的な次の問いが生まれ易くなる。仕事の対象領域を広げれば、それに合わせて知識を拡張しなければならない。こういう更新や拡張ができることも、「学び方を学ぶ」という時の学び方の一種だろう。Sustainabilityはそういう意味でも学習目標のひとつである。協調的な学習は、これらの目標を達成するひとつの手立てとしても有望だと考えられ始めている。

　このようなゴールの達成を目指して実践的な研究をするには、どんな研究方法をとったらよいだろう。この教科書全体で見てきたように、子どもは生活している中で日々変わっていく。その意味でも同じ子どもに同じ授業を2度受けてもらうことはできないから、いわゆる仮説検証型の研究はそぐわない。加えてこの章で見てきたように、学びのゴールもその時代時代によって形を変えていく。ある特定の文化が前提とする多くの条件を満たす形で行われる1つの教室実践から、どんな時代のどんな文化にでも適合する「授業の作り方の一般原理」を抽出することは不可能だろう。
　こういった考え方を元に学習科学分野では、1990年頃から「デザイン実験」という考え方が提唱されている（Collins, 1992；Brown, 1992）。授業の効果を調べる実践的な研究は、仮説検証型の原理を明らかにしようとする研究より、実際に世の中で役に立つ実践的なものを作り出す工学に近いと考えようという主張である。彼らが提案する研究の仕方を簡潔にまとめるなら、以下のような提言になる。

【授業にAという要素が働いていればBという成果が出てきやすい】ということを実証したいなら，まずはBという成果を引き出すと考えられる要因を，Aに限らず考えられる範囲でできるだけすべて取りそろえて授業をしてみて，実際Bという成果が出るかどうかを確かめよう。それでもしBが成果として出てこなければ，要因を考え直してもう一度やり直そう。もしBが出てきたら，その授業で実際何が起きていたのかを行動記録や発話の記録など，手に入るデータから分析し，Bという成果を導き出すのに有効だと考えられる要因を整理しよう。そのうえで，それらの要因の質を上げて再度授業実践に取り組もう。これを数回繰り返して，明らかにBという成果が安定して出やすくなっていることが確認できれば，そこまでに検討された要因を他の領域や異なる種類の学校，他の文化での実践でも試してみて，その効果の波及範囲を見極めよう。そうすることによって，研究は，現場と結びつきながら，一方では授業設計の汎化可能な原理を見出すことにつながり，他方では実践で授業の質を上げることができる。

　そういう主張である。
　この考え方の背景には，授業実践そのものをたくさんの要因が相互に影響し合う複雑なものだと認める考え方がある。「授業をよくする」ということは，ある1つの要因が単独で働いて結果を引き出すというほど単純なものではない，と考える。たとえば新しいテクノロジを入れてみたらその結果，「子どもたちの表現が活発になった」ように見えたとしよう。「実験」としては，新しいテクノロジを入れる，という独立変数が「子どもの表現が活発になる」という従属変数の値を変化したといえるかもしれないが，実際そこで起きていたことはもっとずっと複雑だったかもしれない。新しいテクノロジが持ち込まれたことで，子どもたち

がとにかく,「なんかおもしろそう」と思ったのかもしれないし,テクノロジの助けによって,いつもはあまり発言しない子が発言して,それが刺激になって他の子も自由にものがいえる雰囲気ができたのかもしれないし,そのテクノロジを使って先生がやってみたいと思った授業のテーマや活動が,たまたま子どもたちにとってちょうど活発に話し合って考えてみたいテーマだったり,取り組みやすい活動だったりしたのかもしれない。もっともありそうなのは,こういったいくつもの要因が同時に起きて,複雑に絡み合って,子どもたちの深い学びを引き起こしたと考えるのがよさそうで,少なくともその可能性を尊重しようというのがこの手法を提案したコリンズやブラウンの視点である。今後の学習研究はおおむね,こういう形をとるものが増えていくだろう。この手法は『学習科学ハンドブック』(ソーヤー編,森・秋田監訳,2009) 第Ⅱ部などにも手頃な紹介がある。

引用文献

Brown, A. L. (1992). Design experiments: Theoretical and methodological challenges in creating complex interventions in classroom settings. *Journal of the Learning Sciences, 2*, pp.141-178.

Coleman, J. S. (1961) *The adoleseent society*, Free Press.

コリンズ, A., ハルバーソン, R. (2012) 稲垣忠編訳『デジタル社会の学びのかたち:教育とテクノロジの再考』北大路書房

Collins, A. (1992). Toward a design science of education. In E. Scanlon & T. O'Shea (Eds.), *New directions in educational technology*, Berlin: Springer-Verlag, pp.15-22.

Hatano, G., & Inagaki, K., (1986) Two courses of expertise. In H. Stevenson, H. Azuma, & K. Hakuta (Eds.), Child development and education in Japan,

Freeman.

Miyake, N., & Pea, R., (2007) Redefining learning goals of very long-term learning across many different fields of activity. In C. Chin, G. Erke, S., Puntambekar, (Eds.), *The Computer Supported Collaborative Learning Conference 2007 Proceedings*, pp.26-35.

ソーヤー，R. K.（2009）『学習科学ハンドブック』（森敏昭・秋田喜代美監訳）倍風館（9章「方法論としてのデザイン研究の発展など」）

SCANS commision., (1991) What work requires of schools: A SCANS Report for America 2000, U.S. Department of Labor.

14 学びと評価を近づける

三宅なほみ・三宅　芳雄

　ここまで，新しい教育実践の形を見てきた。歴史的にはすでに長い蓄積のある仮説実験授業のような例もあるが，紹介してきたものはいずれもいわゆる暗記型のテストで測れる学力や知力とは異なる知力の獲得を目指している。新しい教育の試みは，新しい物差しで測らなくてはらないだろう。この章ではまず評価とは何かを見直して，その後，21世紀型と呼ばれる学力とその評価についての最近の考え方を見ていこう。

1. 評価とは何か

　新しい教え方をした成果はどう評価すべきだろう。これからの学習科学では，最終テストだけでは得られない2種類の評価情報を得ようとしている。ひとつは，学習の場で起きている認知プロセスを分析して学習の実態を評価するためのプロセス情報である。どういう働きかけがどんな考えの変化に結びついたのか，用意した教材は子どもたちにどう受け取られたか，支援ツールのどのような機能がどんな種類の学習行動を引き起こしたのかなど，学習プロセスについての詳細なデータをもとに人が学ぶ過程で起きる心の中の変化が推測され，次の学習実践をどう改善すればいいのかが検討される。コンピュータ上の支援ツールの使用履歴[1]がそのまま学習のプロセス・データとして役に立つことが多いという利点もあって，詳しいデータは豊富に集まりつつあるが，その分析方法についてはまだ検討されるべき点が多い。

　もうひとつは，ある単元で学習したことがどれだけ次の学習を引き出

す効果のある学習だったといえるのかに関する授業が終わったあとの，長期にわたる評価情報である。学校外での活動が対象になることも多い。学習後10年，20年が経過してから何が起きるのかを客観的に評価しようとすれば，実時間の経過を待つよりない。今はまだそれだけの実時間を経たデータの分析結果が十分報告されるところまではいっていない。しかし，社会がこれだけ速く変化する時代では，「今できること」がその人の将来の生き方をすべて決めるとは考えにくい。社会の変化に合わせて個人がどのように生きていくか，さらには，個人が同胞と関わり合いながら社会そのものをどう変えていけるかを視野に入れた学習支援が求められる。実時間の経過を待たずに持続的な学習効果を評定するための方法も，学習科学がこれから研究すべき新しいテーマのひとつである。

　この章ではまず，評価とは何をすることなのかから見直していこう。

（1）評価の問題点

　学習評価をもっとも単純に考えると，評価とは一通りの学習が終わった時点で，学習したことがどれだけできるようになったのかを測るものだといえる。明快に見えるが，ものごとはそう単純ではない。評価は，深く考えずに行うと，「学生の分かっていること」が分からないまま点だけをつけることになってしまう場合がある。評価について新しい見方を打ち出したペレグリーノらの本（Pellegrino, et al, 2001）からひとつ例を挙げよう。囲み14−1にある2つの解答のうち，どちらの生徒が「より深く理解している」といえるだろうか。

囲み14−1

質問：アルマダの海戦は何年ですか？
　　　（正解は1588年である）

〈生徒A〉

解答：1588年です。

質問：それにはどういう意味があるか話してくれますか？

解答：話すことはほとんどないですね。年代のひとつですから。試験のために覚えたんです。他の年代も言ってみましょうか？

〈生徒B〉

解答：1590年前後です。

質問：どうしてそう言えるのですか？

解答：イギリス人がバージニア地方に落ち着き始めたのが1600年直後ですね。正確な年代は覚えていませんが。イギリスは，スペインがまだ大西洋を支配している間は海外に遠征しようとはしなかったでしょう。大きな遠征を組織するには数年はかかりますから，イギリスが大西洋海域の支配権を得たのは1500年代の終わりごろだったに違いないでしょう。

(出典：Pellegrino, et al., 2001, p. 28)

　ペレグリーノの解説によれば，問題は生徒Aの方がテストでの点は高くなる，という事実である。テストが年代だけに焦点を当てすべてを測ろうとすると，年代はいえなくても概要が分かっている上の生徒Bのような子どもの心の中をつかみ切れない。上の例にあるように生徒の答えに続けて個別に生徒の分かっていることを聞き出すような手順をとると，様子は大分変わってくる。そこまで見えてくれば，明らかに生徒Bの方が「歴史について分かっている」と判断できる。年代を正確に知っていることそのものは非難されるべきことではない。年代だけを覚えてテストに対処することが歴史的事実の間の複雑な関係の理解と区別がつ

かない，あるいはそれより「よい」と判断されるような仕組みがテストにはあることが，問題を引き起こす。とすれば，この問題は，評価の仕方を変えることによって解決可能だということになる。

　アメリカ合衆国では，このような見方に従って2013年春，それまでの科学数学教育のコア・カリキュラムを見直して次世代科学者養成のための新スタンダード（Next Generation Science Standards）を公表した。アメリカで使われてきた科学教育の目標を見直し，「より厳選された内容を，より実践的に深く学び，さまざまな科学的概念を個別にではなく相互に関連性のあるものとして捉え，科学的な考え方の核となるものを身につけて，社会の中で起きることがらに対して正当な根拠を持って判断できるようになる」ことが目指されている。この策定にはアメリカ合衆国内の有数の研究者が多数参加し意見を交換し合って3年ほどをかけている。その内容の幅広さと達成方法の多様さだけを見ても，通り一遍の「ゴールを決めてそこに到達すればよい」スタンダードから，学び続ける力を重視し，学び続けられる働きかけとそのための学習活動や学習環境の整備に心を砕いたスタンダードへと大きく変わったことがよく分かる。じっくり一読するに値する質と量を持つスタンダードだが，スタンダードを決めてそこに向かって努力するという立ち位置は，どうしてもスタンダードを達成することそのものが目標になり，ものごとがひとつの方向に収斂する危険性をはらんでいる。これは，これからの学びが希求する個々人の多様性を活かした拡散性，多様性とは，基本的には矛盾する。こういう矛盾を現場の実践でどう乗り越えていけるものか，難しい問いだが，これも教育心理学が扱うべき大きな問題のひとつである。

（2）　評価の三角形

　上で挙げた「多様で変化し続けるゴール」をゴールにするような学び

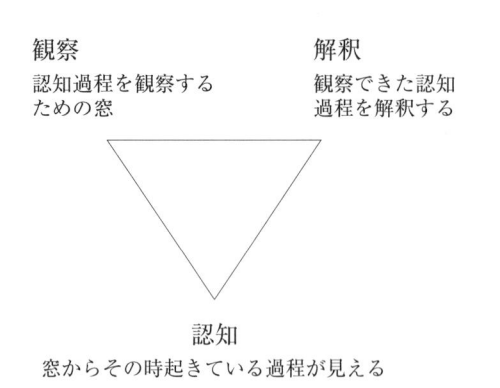

```
                観察                        解釈
                認知過程を観察する          観察できた認知
                ための窓                    過程を解釈する


                          ▽


                         認知
                窓からその時起きている過程が見える
```

図14-1 評価の三角形

(Pellegrino, et al., 2001, *Knowing what students know.* より)

を評価するには，評価するとはどういうことかについての考え方から見直さなくてはならないだろう。このような要望に従って2000年にアメリカ合衆国の National Research Council（米国学術研究会議）が取りまとめた報告書では，評価について一番考えなければいけないことは，学生が何を知っているかをわたしたちがどのようにして知るかということだ，と主張されている。報告書に"Knowing what students know"というタイトルをつけ，評価を図14-1のような3つの要素が互いに作用し合う三角形として考えることを提唱している。この報告をまとめたチームの代表者ペレグリーノによれば，「認知」(Cognition)，「観察」(Observation)，「解釈」(Interpretation) という3つの観点は，評価を「証拠に基づく推論の過程」として捉えるための要素だという。そのどれひとつを欠いても「学生がほんとうには何を知っているのか」を知ることはできない，というのが彼らの主張である。

　「認知」というのは，評価される対象として今教えている単元の内容を子どもたちがどう了解しているかについての認知過程のモデル（心の中で起きること）である。人は学習の結果，どのように知識を使用し問

題を解けるようになったのか，またさまざまな問題を繰り返し解くうちに，それまで持っていた知識はどう変化しどんな知識になったのか，などの評価に関わろうとする人は，それらの認知モデルをしっかり理解している必要がある。「観察」は，学習者にやってもらう課題に当たる。歴史について学んだことを評価するために「年代を聞く」というのはひとつの「観察」である。何を観察したら「その人が今できること」や「その人がこれからできるようになること」が評価できるのか，筆記試験の結果を見るのか，活動のプロセスを追うのかなど，データ収集のために設定する「場」を決めて，実際の観察が実施される。観察の結果，データが出てくる。そのデータからどんな認知過程が起きているのかを推測するのが「解釈」である。テストで観察できるデータ（たとえば子どもが答える年代やそれにつけ加えられた説明）は，実は学習者が行っている認知活動のごく限られた一部しか見せてくれない。見たいところと違ったところを観察してしまったら，やりたい解釈はできない。「生徒が，歴史について，当時の各国の関係など大きな動きを掴んでいて，戦争などの事件がなぜ起きたのか，どう防ぐことができたのかを考えてほしい」と思っている教員が，「なになにが起きたのはいつですか」という問いでその子どもの認知過程を「観察」したとしても，見たい認知過程は見えないだろう。だとすると，評価の三角形という見方から考えれば，これはテストの仕方がまちがっているのであって，そういうテストの結果は，先生にとっても生徒にとっても何の役にも立たないということになる。だから評価は，「認知」「観察」「解釈」という3要素が互いに深く関連し合って織り成す基盤の上に成り立つとされる。

　評価についてはこれまでもさまざまな考え方が提案されている。なかでももっとも有名なのは，ブルーム（Bloom, B et al, 1973）の「総括的評価（学習者が教えたいことをどこまで身に付けたかを知るために単元の

最後に一度だけなされる達成度評価)」に対する「形成的評価（学習の中途段階で学習がどこまで進んだか，教え方が教える側の意図通り進んでいるかをチェックして必要なら教え方を変えるためになされる評価)」という考え方であろう。今回の評価の三角形という提案の意義は，この形成的評価の考え方をさらに徹底させて，評価といってもやっていることは学生の認知活動についてのデータを集めてそれを解釈するという認知的な作業にすぎないのだということをはっきり示したことだろう。学生のやっている認知活動についての考え方がまちがっていれば，得られたデータがいくら客観的なものであっても，「学生ができること」を正確に知ることはできない。逆に得られるデータが主観的なものであっても，解釈にきちんとした根拠を示すことができれば，そこから学生の認知活動を推し量ることができる場合もある。このような見方が浸透すると，教育実践研究と学習過程についての認知的な研究はこれまで以上に相互の関わり合いを深めることになるだろう。

(3) 1回の授業の成果を評価する

次の授業を考えるための形成的な評価をしようとする時，まず知りたいのは，ひとかたまりの授業で子どもたちに「分かってもらいたいこと」「できるようになってほしいこと」がどこまで達成されたのかということだろう。これが授業に参加したひとりひとりの子どもについて分かれば次の授業が組み立てやすくもなるだろう。

こういう1回の授業（1コマ45分なり60分なり，あるいは最初から2コマかける予定であればその倍の時間）で生まれる成果を知るには，そこで「分かってもらいたいこと」「できるようになってほしいこと」をはっきりさせておいて，最初と最後に子どもに直接聞いてみるというやり方がある。第11章で紹介した仮説実験授業では，その回で取り上げる

問題（実験の形をとることが多い）の答えを授業の最初に予測して、どうしてそう予測するのかを話し合い、授業の最後にはひとりひとり感想を書く。こういったデータから、ひとりひとり考え方がどう変わったか、または変わらなかったかを追うことができる。第12章で紹介した知識構成型ジグソー法による実践でも、ジグソー活動で子どもたちに答えを出してほしい問いそのものを授業の最初と最後に二度提示して、その都度子どもひとりひとりで自分の考えを書いてもらうことを標準形にしている。先生は、この2つの表現を子どもひとりひとりについて比べてみて、クラス全体の分かり方の進み具合を推測でき、またグループ毎のどのような活動がどんな理解深化を引き起こしたのか（または引き起こさなかったのか）を探ることもできるだろう。こうすると、子ども自身が自分の伸びを自分で確認することも可能になる。「子どもは教えるまでは何も知らないはず」と考えていると、授業の最初から子どもの考えを聞くことに違和感があるかもしれないが、子どもを日々学んでいる存在、常に学び続ける存在として捉え直すと、こういう評価も可能になる。

（4） 学習プロセスを評価する

評価の三角形は、学習を評価するに当たって、そのプロセスそのものを見直す必要があることを示唆する。たとえば、ある専門書の1章を読ませて、要約を書かせたと考えてみよう。出来上がった要約には、もとの文章の始めの部分と真ん中の部分と最後の部分に書いてあった筆者のまとめが手際よく抜き出されていて、要領のよい要約になっていたとする。この要約をどう評価すべきだろうか。実はこの評価はかなり難しい。この要約文を見ただけでは、それを作った学生が、その章を深く理解して著者と非常に近いレベルの理解に到達していたからこのような要約が出来上がったのか、要約の仕方として「最初と真ん中と最後にあるまと

めの文を抜き出せば要約ができる」という手順だけに従ってこの要約を作ったのか，区別することができないからである。このような場合，その要約を作った学生が具体的にはどんな読み方をして，何を理解していたのか，その文章を読むまでに前提としてどんなことを知っていたのか，要約文そのものはどのようにして作成したか，などそもそも要約を始める前に知っていたことや要約作業の途中でやっていたことについての情報，言い換えれば学習プロセス・データが入手できると大変役に立つ。このような考え方をもっともだと感じると，いわゆる単元最後の最終テストの点数によって成績をつけるといった評価は見直さざるを得なくなってくる。

　このような評価は，テクノロジーが入って記録がとり易くなるにつれてやり易くなる面がある。教室の中で実際に起きている学習活動の記録も，ビデオなどの普及によって以前よりずっと容易に残すことができるようになった。しかし，テクノロジーによって大量のデータが集まるようになると，その次の問題として，そのようなデータをどう分析し，どう解釈するかを考えなければならなくなる。学習科学の新たな課題が増えたともいえる。

　プロセスを評価するとは具体的に何をどうすることなのか，例を挙げて考えてみよう。ここではテクノロジーによる評価も大切になってくる。たとえば，子どもたちが電子的な掲示板に書き込む自分の考えや分かってきたことについてひとつの単元の途中でその変化を見て評価することもできる。電子掲示板への書き込みを中心とした知的創造や知識構築による学びを推進するカナダの研究所（Institute for Knowledge Innovation and Technology）附属の実験学校の授業のやり方では，学習のプロセスをコンピュータ上のノートの書き込みという形で逐一記録できるため，簡単にそのプロセスを追うことができる。したがって比較

的早くから，学習の最終結果だけではなく，学習プロセスに内在する子どもたちの理解を評価しようとする試みがなされてきた（内在的評価 embedded assessment と呼ばれる）。子どもたちが書いたノートは膨大な量になるので，そのすべてを対象にするわけにはいかないことが多い。どのデータをどう扱うかという研究も成り立つが，多くの場合，ノートや発言をカテゴリ分けし，その一部だけを対象に，質に関わるコーディング基準を設けて分類しその変化を追うと，質的な変化が追える。こういう評価は子どもたちが自分の学びを振り返り，その質を自分で上げていくことにも役立つ。

　IKIT の前身となる基盤を作って，早くから子どもたち自身による知識構築（Knowledge Building）を徹底して推し進めてきたスカルダマリアとベライターの実践研究のための学校では，子どもたちの学びが日本でいうと総合的な学習の時間に当たるようなカリキュラムだけで組み立てられている。自分たちの考えたいテーマをじっくり，先生の支援も得ながら選んで，自分の考えや，友だちの意見を聞いて考えたこと，調べたこと，調べて少し分かってきたらさらに知りたくなったこと，自分の考えを当てはめるとどんな問題が解けそうか，などをそのためにデザインされた電子掲示板に書き込んでいく。何か書き込みをする時には，ひとつの約束事として書き出しを選んで書く。掲示する本人が自分の考えを客観的に見て，それを自分で育てる意識を持たせるためである。書き出しは，「わたしの考え」「調べたいこと」「わたしのコメント」「わたしの考えでできるのは」など，自分が何を考えていて，何を書こうとしているのか振り返るための決まった形になっている。ある程度学習が進んできたところで，クラスのみんながどの書き出しをどれくらい使っているか，グラフにして子どもたちが見えるようにすることもできる。そうすると，今度はみんなのしていることを全体として眺めて，自分たち

は次に何をしたらよさそうか，子どもが自分で判断できるようになる。みんながたくさん「わたしの考え」を掲示板にのせている時，その内容が案外ばらばらだから，似たような考えをまとめてみたらどうだろうとか，「わたしの考えでは（これこれの問題が解けるはず，こういうことになるはず）」など，自分の考えていることを何かに当てはめて確かめようという発言がすごく少ないという時にはそういうことはもっとやった方がいいとか，子ども自身で見てとれる。掲示板上に充実した内容がたくさん書き込まれるようになってきたら今度は，「こういうことを考えている大人の人たちはどんなことばを使って話し合っているんだろうね？」と先生の方から持ちかけて，子どもたち自身の使っていることばと，専門家が社会で使っていることばについて，子どもたち自身が比較して見られるように表示する。こうすると，子どもたちは，自分の知らないことばを調べたり，自分たちが考えてみなかったような考え方を理解しようとしたりする「前向きな」学びがどんどん起きるようになるという。プロセスを評価することによって，ゴールを設定した評価を避け，常に「今起きていることの次に何が起きそうか／何を起こしたらよさそうか」を判断していく。その判断を子ども自身もできるようにする。新しい評価のひとつの形として参考になるだろう (Scardamalia, et al., 2012)。

　もうひとつの例として，子どもたちから出てくる質問を分析する方法がある。質問を分析する試みは IKIT だけでなく多くのプロジェクトで行われているが，そもそも子どもたちの自発的な理解深化を充分促進しておかないと，子どもが自由に問いを思いついてくれない。授業後の発問を分析対象にできることそのものが授業のひとつの評価にもなり得るだろう。分析できるだけの質問が集まれば，質問の形について，テキストに書いてあることばをそのまま引用しているのか，自分で言い換えているのか，自分で考えてその理由までつけて質問しているのかなど，何

種類かのレベル分けを考えることができる。質問の内容については授業中の理解度や，その分析の専門家が問う内容と比較するなど，さまざまな分析のアプローチができる。第12章で取り上げた知識構成型ジグソー法では，児童生徒が期待される理解を超えた後自発する疑問を収集し，「次の学び」を支援するとともに，疑問の質から疑問を自分で作り出した子どもの理解度，その伸長方向を探る試みを始めている。

　もうひとつ，一回一回の授業で子どもたちが理解を深化させ，理解したことを授業の最後にひとりひとり表現して確認する活動が保証されているなら，クラスのひとりひとりについて変化を追うこともできる。（3）で紹介したようにその授業の前後に同じ問いを提示し，授業に入る前に表現できることと授業の最後に表現できるようになったことを比較できるようにしたうえで，その違いの大きさと，実際授業中誰によってどのような発話がなされ，ことばや表現がどう使い分けられていったのかなどを追跡して分析することもできる。授業の前後の，ひとりひとりの伸びを見ることによって教師の児童観，生徒観から学力観も変化する。こういった「見え易」く，多視点からの検討がし易い評価方法があることによって，子どもの学びを通して教員が学び，授業力を向上させ，その指導に当たる教育委員会の指導主事が授業の支援の仕方そのものを変化させていく成果も見られ始めている。

　こういった多様な方法のどれを採用するかは，まさに評価の三角形でいえば「観察」のための詳細を決めることに当たる。その詳細が，「認知」や「解釈」との関係で決まってくることはいうまでもない。

2．21世紀型スキルの評価と育成

　最近，教育の現場で，「21世紀型スキル」の獲得が大事だという意見を聞くようになった。21世紀型スキルは，2009年春，Cisco, Intel,

Microsoftの3社とメルボルン大学の研究者などが中心となって呼びかけたプロジェクトが採用した用語である。これからの知識産業社会に必要なスキルを同定し，その教育方法を国際的な協力体制で開発しようと立ち上げたプロジェクトが，それらのスキルの総称として使っている。21世紀を牽引する変化し続ける知力の育成をゴールにする，評価そのものを研究対象にした実践研究といってもよいだろう。プロジェクトは，OECDとも連携して，Assessment and Teaching of the 21st Century Skills（ATC21Sと略される）と名付けられ，多数の学習科学研究者も協力して，2013年まで活動を続けていた。

ATC21S（http://atc21s.org/）ではまず，21世紀型スキルを，将来世の中できちんと生きていくために身に付けるべき力として，次のようなカテゴリに分けてそれぞれの要素となるスキルを挙げている。

・考え方：創造性，批判的思考，問題解決，意思決定，学習
・働き方：コミュニケーション，協調
・仕事のための道具：ICT（Information Communication Technology），情報リテラシー
・生きるためのスキル：よい市民であること，生活と職業，個人的・社会的責任のとり方

これらの項目は以下の2つの領域にまとめられている。

・協調的問題解決：共通の問題を一緒に解くこと。アイディアや知識，持っているリソースを提供し，交換してゴールを達成する。
・ICTリテラシー，デジタル化されたネットワークで学ぶこと：社会的ネットワーキング（複数の人で協力しながらネットワークを活用す

ること），ICT リテラシー，テクノロジについての知識，シミュレーションなどの手法を駆使して学ぶ。これらの手法によって個人は社会的なネットワークの中で自分の役割を果たすことができ，社会的，知的資産の生産に貢献する。

このプロジェクトの特徴は，こういったことを誰か数人，卓越した人ができればいいのではなく，今の社会に生きるすべての人がみなこういうことができるような社会を目指そうとしているところだろう。だから企業が支える。今，教育は大きく社会的な動きとして考えなくてはならなくなってきているということだろう。

（1） 21 世紀型スキルのゴール
　さて，このまとめを見て，あなたならこういったスキルが身に付いているかどうかどうやって評価すればよいと考えるだろう。
　こうやってみると，協調にしろ，ICT の活用にしろ，21世紀型と呼ばれるスキルは，高度に知的なスキルであると同時に，今の世界の経済的技術的発展の先端を見据え，明確にそれを牽引しようとするスキル，常にあるゴールに達したらその先への行こうとするスキルとして提唱されていることが分かる。実社会が21世紀に要求している協調的な問題解決の本質は，参加するメンバーひとりひとりが「すでにある程度分かっていること」を持ち寄り，それらの限界を超えて，全員の見方や考え方をひとりひとりが積極的に取捨選択と統合を繰り返して，「互いの持てる力を持ち寄らなければ到達できなかった解」に到達すること，言い換えれば今教えてもらって学べることの限界を，ひとりひとりが超えることだということだろう。このような学びを，用語の解説で終わらせず，ひとりひとりの学ぶ力として育てるのにはどうしたらいいか，新しい学

習観と学習方法の見直し,「人はいかに学ぶものか」についてのこれまで以上に詳細な分析に基づく教授学習方法の試験的な実施と,その実施の仕方を変え,少しずつその成果の質を上げていくような努力が求められている。

　では,上記のリストにあるスキルそのものは,どこが21世紀型なのだろう。ひとつ,考えてみたいのは,上で書いてある「アイディアや知識,持っているリソースを提供し,交換してゴールを達成する」とか,「個人は社会的なネットワークの中で自分の役割を果たすことができ,社会的,知的資産の生産に貢献する」という「目標」と,「三角関数の微分ができるようになる」とか,「『舞姫』を書いたのは誰で,どういう時代背景のもと書かれたかが説明できる」といったこれまでのテストでよく見られたような目標とどこが違うかということである。あなた自身は,どう考えるだろうか。

　こう考えてみたらどうだろう。後者は,今でもどこでもやっている。教師が答えを教えて,生徒に覚えてもらうことでも何とかなる。つまり,ゴールから始めて後ろ向きに,生徒が今できるところまでつなげれば,教えられる。教えたら,それで終わりである。ところが,前者をよく見ると,何かの問題について,たとえば環境を守ることとエネルギー政策とのバランスをどうとればいいかについて「アイディアや知識,持っているリソースを提供し,交換してゴールを達成する」ことそのもののスキルを身に付けて下さい,というのがゴールになっている。これは,社会で実際に企業の人たちや政治,行政に関わる人たちがやっていることでもあり,研究者もみんなこれをやっている。これをやり続けていると,これをやれるスキルやセンスがどんどん自然に向上する。むしろ向上させることそのものがゴールである。そう読めば,もうひとつの「個人は社会的なネットワークの中で自分の役割を果たすことができ,社会的,

知的資産の生産に貢献する」も，まったく同じ構造を持っている。つまり，21世紀型と呼ばれている知識やスキルは，ひとりひとりみんなが，もともとある程度はできることについて，社会が要請するような課題に従事して，少しずつできるようになって，それをやり続けて，そのやり方そのものを実際日々の生活の中で育てていかなくてはならないということである。ゴールがあくまでも「前向き」なのだといえる。

（2） 21世紀型スキルをどう育成するか

ATC21Sプロジェクトのこれまでの最大の成果は，たくさんの学習科学研究者の議論をまとめた「白書」であろう（Griffin, et al. 2013）。その白書の前身となった2009年の会合で取りまとめられた5つの白書のうちのひとつには，以下の囲みで示すような文章で，21世紀型スキルを涵養する学習環境とはどのようなものかが説明されている。

> これまで必要とされたスキルは，個人が科学的な知識を正確に把握することや，与えられた問題を効率よく解くことが中心だった。これらは，初心者がどのようにゴールに到達すればいいかを探ることによって教えることができた。これに対して，21世紀に必要なスキルは，学習者が互いに理解を深め合い，あるゴールを達成するにつれて新しいゴールを見出し，自ら設定した新しい課題を解きながら前進する創成的で協調的なプロセスを引き起こすスキルである。
>
> そういったスキルの涵養には，「知識を新たに構築することが奨励される環境」が必要になる。そこでは，メンバーがそれぞれ自らの問題を解決しつつ，チームで解くべき問題を共有し，共通した問題解決のために貢献する。メンバーは，それぞれの強みを活かしつつ，社会的責任を果たす相互支援関係を成り立たせることを学ぶ。

> このような環境では，新しいスキルだけでなく，これまで重要だとされてきたスキルも獲得されることが分かっている。

　最近の研究では，人が複数で話し合うことがなぜ学びを引き起こすのか，その仕組みを現場に活かすための原則も少しずつ明らかになってきた。日本にはこの分野で先進的な研究もいくつか見られる。その実例は，この教科書の第Ⅱ部，第8章から第11章までに紹介してきた通りである。
　こういった学習者中心型の，子どもたちが自分たちで考えをことばにし合って自分たちの考えを深めていくタイプの学習は，同時に，先生にとっても子どもたちのひとりひとりが何をどこまで考えているのかが捉え易くなるというメリットがある。なぜなら，これまで先生が説明していた間は，子どもは黙って聞いているので，何を考えているのかのデータは集まってこない。学び合うクラスではすべての子どもがそれなりに「話す」ので，「全員の声を聞く」ことも不可能ではない。この子どもの声が聞こえることの効果は，先生たちが子どもたちの潜在的な学ぶ力を見直すことにもつながっていく。さらにこういった子どもの考え方を捉えることによって，次の授業の展開の仕方が考え易くなるなどの利点があることも指摘されている。こういった利点をさらに引き出すためには，ICTの活用も必要になってくる。それは，上で簡単に紹介したような情報受発信ツールやモデル化ツールとして，ICTが子どもの「手になじむ」学びのツールであるからだけではない。ICTを活用すると，多くの場合，子どもひとりひとりがそのツールを使った軌跡が残る。ツールを発話や行動の記録器として使えば，子どもひとりひとりの詳細な学習プロセスの記録が残り，それを後から分析して「人はいかに学ぶか」について，まだわたしたちが分かっていないことを見つけ出せる可能性もある。21世紀型スキルという新しい学習目標は，わたしたちひと

りひとりが今,どういう生き方をしたいか,そのためにどういう学びを推進したいかを問い直すことによってはじめて,子どもたちだけでなく,わたしたち自身の手になじむものとして取り組むべきものなのではないか。21世紀型スキルは,わたしたちひとりひとりが「これこそその候補,これこそ次の世代の人たちとも共有したい」と心底思えるものであるべきだろう。また,その育成の仕方も,ひとりひとりの先生が目の前の子どもたちにとって何が一番自然でやる価値があり,難しくてもやり続けようとする力があるかをその場で考えて実践し,実践を繰り返して教え方そのものの質を高めていくものでなければならない。それが,どこかから「このように学ぶべきもの」として呈示されるものではないことだけは確かだろう。

》注

1) ツール操作のために使ったコマンドやキーボードの打鍵記録など,ツールに働きかけた動作の機械的な記録。

引用文献

ブルーム,B.S.,マドゥス,G.F.,ヘスティングス,J.T.(1973)『教育評価法ハンドブック——教科学習の形成的評価と総括的評価』第一法規出版

Griffin, B. McGaw, & E. Care (Eds.) (2013) *Assessment and Teaching of 21st Century Skills*, Dordrecht, The Netherlands: Springer Science+Business Media.

Pellegrino, J. W., Chudowsky, N., & Robert Glaser (2001) Knowing What Students Know: The Science and Design of Educational Assessment, Washington DC: National Academic Press.

Scardamalia, M., Bransford, J., Kozma, B., & Quellmalz, E. (2013). New assessments and environments for knowledge building. In P. Griffin, B. McGaw, & E. Care (Eds.), *Assessment and Teaching of 21st Century Skills*, Dordrecht,

The Netherlands: Springer Science+Business Media, pp. 231-300.
IKIT: Institute for Knowledge Innovation and Technology
　　http://ikit.org/
Next Generation Science Standards, 2013
　　http://nextgenscience.org/

15 | 学習の実践的な研究のこれから ─21世紀の学びに向けて

三宅　芳雄・三宅なほみ

　ここまでを受講して，みなさんは自分自身の中にどのような教育心理学を構築し，これからどんな研究に取り掛かってみたいと考えているだろうか。この章では，この教科書で扱ってきた視点を振り返るために，学習や教育の科学を作り上げてきた人たちがどういう人たちだったのかを紹介しながら，教育心理学の研究方法と今後の教育心理学が向かうところを解説したい。ここで紹介する人たちは，それぞれ自分の考え方をまとめた本や教科書，自分の研究史など，まとまって読めるものを残している。翻訳されているものも多い。この教科書で扱ってきたような考え方をじっくり自分のものにしたいと思われるなら，ぜひそういった本のうちの一冊を丁寧に読んでみて頂きたい。新しい世界が開けると思う。

1. 学習研究の先駆者たち

　学習の科学，特にこの教科書で重視してきたような実践につながる応用的なアプローチ作りに関わってきた人たちは，さまざまな研究背景を持っている。国際的に学習科学会（isls.org）ができたのは2003年だが，その背景には，認知心理学，認知科学の発展がある。学会創立時にその母体となったのは，おもに4つの異なる研究領域から集まった人々だった。認知科学や脳科学を背景に人の認知過程を明らかにしようとするところから実践に携わるようになった研究者，人工知能研究や情報学，IT環境を含め人を賢くする環境の設計と評価に関わってきた研究者，

教科教育やテスト理論，教員養成研究など教育の実践的な研究に関わる広い意味での教育研究を進めてきた研究者，もうひとつは，さまざまな背景と研究経緯を経て，最初から社会の中での教育改革を先導してきた先駆的なリーダーたちである。それぞれの領域を代表する人たちの名前を少し挙げてみよう。この人たちの名前をどこか頭の隅に置いておけば，人はいかに賢くなるものか，その認知過程に立ち戻って自分の考えを見直したくなった時，この人たちが書いてきたものを探ることができ，これまで気づかなかった視点が見えてくる可能性があると思う。

　アメリカの認知研究の幕を開け，学習の研究にまで導いたひとりに，ブルーナー（Jerome Bruner）がいる。この人の自伝，『心を探して』（1993：原題 In search of mind: Essays in autobiography, 1983）は，彼の教育に関わる仕事から，認知心理学の勃興期，その後の発展などをカバーしていて，興味深い。教育心理学，学習科学の基礎に認知過程の洞察があることがよく分かる著作である。ちなみにこの人は『教育の過程』という本も書いており，こちらを知っているという人も多いかもしれない。

　記憶や知識構造など認知科学の基礎を作る心理学的な研究から出発して発展的に学習に関する理論構築に貢献したり，実際に現場での教育改革に携わって学習科学分野でも大きな仕事をしたりすることになった人たちの中には，ノーマン（Donald A. Norman），コリンズ（Allan Collins），ブランスフォード（John Bransford），ブラウン（Ann Brown），コール（Michael Cole）などがいる。ノーマンは，短期記憶などについて緻密な理論的研究をした後，ジャグリング（お手玉に類する大道芸）や一輪車に乗ること，タイピングの技能など運動を含む人の学習過程のモデル化を試みたりもしている。彼の大きな功績は，人が環境とどう関わり合いながら自らの賢さを実現させているかについての鋭い分析から，道具や環境をどうデザインすべきかの指針を探り出したことだろう。コリ

ンズも，人の記憶が持つ構造を明らかにするなどの功績で認知科学の基礎を作ったひとりだが，この教科書の第8章，第9章などで紹介した状況に埋め込まれた学習によって学習科学にも多大な貢献をしている。特に，教育実践に関わる要因の多さとそこで起きる学びの1回性を重視して，2つの教育場面を1つの変数で制御し，その間の統計的な有意差を根拠に学習理論を立てることに異を唱え，応用工学的なアプローチとしてのデザイン実験という構成概念を打ち立てたことで知られる。第13章に見たような，テクノロジの使い方と教育などの広い視野からものを見るのが得意な人である。ブランスフォードとブラウンは，それぞれ記憶や問題解決，メタ認知などの優れた研究者として，認知心理学的の基礎を作りもしたが，その後自らの理論の真性性を検証するために，より日常に近い教室場面での実践的な研究を展開していった人たちである。2人とも，日本でも学習科学への入門書『授業を変える：認知心理学のさらなる挑戦』（ブランスフォード他，2002；原題 *How people learn: Brain, mind, experience and school*, 2000）の著者としてよく知られているだろう。ここで挙げてきたような人たちの著作の中では，認知研究の応用工学的な発展と広がりをもっともよく示す作品として，ノーマンの『誰のためのデザイン？』（1990；原題 *Psychology of everyday things*, 1988）と『人を賢くする道具』（1996；原題 *Things that make us smart*, 1994）を挙げておきたい。学習や教育を直接扱った本ではないが，ここで提示される人間研究の方法論，特に解くべき課題の捉え方とその解決方法は，人を，その生きる現実の中で意味のある仕事に従事する主体と捉え，常にその主体の視点とその主体の認知過程を客体化して捉える視点との相互から理解しようとするバランスのとれたものとして，人を扱う研究一般の基礎をなす。もうひとつ，認知過程の社会性，文化と歴史との関わりを深く取り上げた名著として，コールの『文化心理学』（2002；原題 *Cultural psychology: A once and future discipline*, 1996) がある。教科書内でも触れたが，学習を理解するうえで欠かすことのできない文化や歴史と学習との関わりについて，これほどの深さで真摯な議論を展開している本は他にない。一度じっくり読んで，損のない著作である。この人が妻である研究者ともう1人の研究者3人で書いた発達心理学の教科書もよくできている。

　第2の，おもには人工知能研究やITを使った新しい教育の可能性を探る領域から学習科学に入った研究者としては，パパート（Papart, S.），コロドゥナー（Kolodner, J.），ピー（Pea, R.）などがいる。パパートは，自分が好きでよく遊んでいたので自分自身の科学的理解の基礎を作ったという歯車に該当するものをすべての子どもに手渡したいという希望から，コンピュータ・スクリーンの上で自由に動かして絵が描けるLOGOという直感的なプログラミング言語を開発し，ITによる新しい教育の可能性を示してみせた。ピーは，その後を継ぎ，コンピュータ・シミュレーションや可視化技術によるモデル構築支援など，新しい教材を新しい手法で教える学習環境作りの緒を開いたひとりである。最近の仕事としては，この教科書でも重視したITによる学習過程の共時的な記録の収集と分析により，人の賢くなる過程の理解を促進する研究などがある。コロドゥナーは，自身の工学的なバックグラウンドをうまく活かして，科学が苦手な経済的に貧しい地域の子どもたちを対象に，協調的な環境の中で，もの作りと，ものを作るための理学的な原理の理解とを行き来しながら，科学を理解する秀逸なプログラムを開発して学習科学界を牽引してきたひとりである。彼女の特に大きな功績は，学習科学研究者が2003年に学会組織を作るまで，1980年代半ばからずっとほぼひとりで学習科学研究についての唯一の学術雑誌を編集し，質の高い論文を刊行し続けて学会組織の基礎を作ったことだろう。学習過程の研究は，このように，人工知能やIT技術の開発など，時代の先端をいく工学的

なアプローチに支えられて，認知プロセスの解明や，新規な教材の開発，ネットワークを利用したスケール・アップなど，それまで不可能だった形の学習機会を提供して，教育の質改善に貢献してきた。この人たちの貢献を探るには，国際学習科学会の2冊の学会誌 *International Journal of Learning Sciences* と *International Journal of Computer Supported Collaborative Learning* がある。

　後の2つの領域，教科教育や現場での教育改革から学習科学への王道を歩んできた研究者としては，リン（Marcia Linn），ベライター（Carl Bereiter），スカルダマリア（Marlene Scardamalia）たちの名前を挙げておこう。リンは，理科教育の刷新に貢献したWISE，ベライターとスカルダマリアは教科を問わず，学習者自身による知識構築の可能性を徹底的に追求するKnowledge buildingと呼ばれるひとつの教育哲学を作り上げたKnowledge Forumをそれぞれ牽引して，現在では国際的な教育改革を先導している。彼らの著作は多いが，日本語で読めるものは少ない。著作でその仕事を知るよりは，インターネットを通して実際に彼らの運営するサイトで起きていることを体験し，その手法を取り入れて同種の実践を積む方が理解が速いかもしれない。学習科学は，単なる理論ではない。今，この時に，世界中で，さまざまな視点からさまざまな目的のために，さまざまな実践が行われ，その成果が評価されて次の実践につながっている。そういう動きの中に，あなた自身の教育心理学を位置づけていく必要があるだろう。

2．教育改革はなぜ難しいか

　この教科書を締めくくるに当たって，上の節で最後に挙げた教育改革実践者のひとり，カール・ベライターによる，教育改革はなぜ難しいかについての議論を検討してみよう。ベライターという名前はこの教科書

以外では聞いたことがないという人もいるかもしれないが,『セサミ・ストリート』という番組名,あるいはその母体となったヘッドスタートプロジェクトという教育改革名は聞いたことがある人が多いのではないか。ベライターは,教育哲学者として,エンゲルマンとともにこのプロジェクトをリードした。その後,いくつかの実践的な教育改革に携わり,最近は第12章,第13章で見てきたような,学習のゴールへの考え方を「後ろ向き」から「前向き」に変えること,それに伴って評価の仕方そのものも,いわゆる「テスト」で到達点を測るやり方から,学びが起きているその場での学習者のこれまでの考え方,これからどこまでどう行きそうかを推測する「埋め込み型評価」(embedded assessment)を提案,実践している。古くからの学習科学の礎でありながら,今もまだ時代を牽引する先鋒だといえるだろう。

　彼の教育理論のベースには常に,教育や学習の機会は文化や家庭環境の中にあるとする見方があった。そういう目で学校に上がって成功する子とうまくいかない子を比べると,ある意味当然だが,その背景に,家庭の経済状況や家のある地域の文化格差の問題があった。中流白人家庭の子どもであれば,日常的に文字を読んだり計算をしたりする親の姿に接しているし,家の中の話し合いでも,一方的な命令の伝達ではなく,理由を説明し根拠をつけて物事を説明する語法が成り立っている。教育的な玩具や絵本など,物理的な環境も整っている。反対に黒人の貧困家庭であれば,このすべてが存在しない。就学するまでの5年間をこの違いの中で育ってきた子どもたちに,就学してから均等な学習機会を与えても,同等な効果が期待できると考えるのには無理がある。このような現状を変えようとした教育改革がヘッドスタートプロジェクトであり,当然この運動は,親の意識を変え,親と子どもの関わり方を変え,家庭環境を子どもの知的発達に望ましいものに変える努力を含んでいた。貧

困地域にセンターを建て，そこに親を集めて，まず親が文字を読み計算ができるようにすると同時に子どもたちへの接し方を指導するのと同時に，家庭環境にも中産階級で見聞きされるような言説が自然に入り込むよう工夫した結果が『セサミ・ストリート』という幼児番組だった。その後ベライターは，スカルダマリアという同僚を得，知識を内的なものとしてでなく，「扱える実体のあるもの」として捉える見方を作り上げ，「考えながら書くこと」が書く本人の知識構築につながる潜在的な学習能力を最大限に活用して，ひとりひとりの学習者が自分自身の知識を自分の力で育てていくための実践的な教育哲学を展開する。現在は，カナダのオンタリオ州で自分たちの哲学を現場で検証するチャーター・スクールを運営している。また，彼らのもとで博士号をとったたくさんの弟子が，世界的に彼の哲学に基づく実践研究を行って成果を上げている。

このベライターが，今，21世紀を迎えて新しく「知識の時代」と呼ばれるようになった現実の中で，教育改革がなぜうまくいかないかを解説した挑戦的な本を書いている (Bereiter, 2002)。訳せば『知識の時代の教育と心』という題のこの本の中でベライターは，教育や学習についての人の理解の素朴さと，人がそれらについて通俗的で貧弱な理論しか持っていないのに，そのことに気づかず教育改革を進めようとして失敗している現状をシニカルに，しかし的確に描き出している。

たとえばベライターは，実際には今教えられていないのに，教育関係者の間ですら「教えられていない」ことがはっきり認識されていないことがらとして，
　・数についての感覚
　・科学的な誤概念
　・実用的な読み書き能力
　・世界についての知識：地理，歴史，世界の現状についての知識

・思考力

などを挙げている。しかも，彼の考え方では，これらのことがらの学びには終わりがない。実用的な読み書きがうまくできるようになるというのは，ある一定の決められた読み書きができるようになればいいのではなくて，ある程度うまくなったら実際使っているうちにその質がどんどん向上するものだし，また向上させなければ意味がないスキルだから，である。今学校で「実用的な読み書き」を教えようとする場合，ここまでできれば上出来，というゴールを定めてしまうことは，それ以上子どもたちが伸びていくことにストップをかけてしまう。学びとは，そういう「後ろ向き」のものではないと，ベライターは強く信じている。日本人なら，このリストに外国語の学習を入れたくなるかもしれない。それこそ，ある程度で終わりには決してならない対象だからである。これからの教育心理学には，こんな根本的から考え直すべき研究が残っている。

　ベライターは，わたしたちが持つ教育や学習についてのこういった通俗理論が教育改革を妨げたり，転覆させたりしてしまう現実を分析して，なぜそうなってしまうのかを整理している。そのリストを見てみよう。以下，ひとつひとつの言説は，通俗理論に基づくと教育や学びについてどんな考え方が導き出されてくるかをまず示し，そういう考え方をすると何が困るかを解説している。

1. 知識を，心の中にある，精神的なファイリングキャビネットの内容だと狭く捉えてしまう。これは一方で知識を単なる教育上の目標とすることでその過少評価につながり，他方では知識の項目化とそれらをテストする不幸な努力につながっていく。
2. 教えられるかどうかということについて何も分かっていない。もし測定できれば（または名前をつけさえできれば），教えられるに違い

ないと仮定されてしまう。その結果，単に想像にすぎない技能を教える想像上の教育が出現する。
3．根拠のない行き過ぎた学習の転移への信仰がある。一番極端な場合は，ことばの魔法が起こり，学ばれたことは同じ名前で呼ばれるものごとすべてに自動的に転移すると仮定される。ことばの魔法と過剰な転移への信頼は，教育についての通俗理論では，本質的で不可欠な役割を果たしているが，これは，そうでないとするとほとんどの学校教育を正当化できなくなるからである。
4．量について分かっていない。教育の内容と手続きの両方に適用される暗黙の信念として，もし少しでよいなら，多いのはもっとよいというものがある。量を目標にすることは軽蔑されて否定されるか，あるいは長い項目リストとそのテストで置き換えられることになる。
5．教育方法を分析するための概念が十分でない。ひとつの方法とそれとは異なる方法とを区別する手段が欠けていて，イデオロギーの論争目的と方法を分析すべきなのにイデオロギーに基づいた批判がなされて終わりになってしまったりする。
6．還元的なものの考え方が，気づかれずに行われ，時には教育上の指針として取り扱われている。教育的な試みを単なる活動に落とし込んでしまうことが「プロジェクト－ベースの学習」と呼ばれたり，自分について語ることが「学習者中心の教育」と呼ばれたり，単に教科の内容が「コア知識」や「強固な基礎の構築」と呼ばれたりする。
7．科学についての根深い誤解がある。学校の科学は，目的のない活動—つまり，単なる研究のための技能の練習—か，事実の集まりや世の中について調べたことを覚えておく活動になってしまっている。証明不可能性が科学的知識の基本的な性質であることは，教育の中ではまったく取り上げられていない。

8. 理解を心の状態として捉えてしまうので理解が間接的にしか達成できないものになってしまう。一方で本物の科学や学問の特徴は，分かることそのものを直接目的にしていることである。
9. 知識を創り出すことが学習と信念の形成に還元されてしまっている。知識を働かせること，構成主義，探求などが意味を失ってしまっている。そのため，学校での学習が知識に依拠する経済を動かす生産的な仕事を阻害するものとして見られてしまう。
10. 学校の中心的な仕事とは何かについて，一般的に受け入れられる考え方を形成することがまったくできない。知識とは何かについての考え方（概念）が貧弱なので，知識を作り出すこと（knowledge development）が学校の中心的な仕事として認められることはない。しかし，これ以外の定義は広すぎるか狭すぎる。

このような現状を打破するために，ベライターは，次のような提言をしている。

「心の中で起きていることを，心の中だけに存在していて，心の中だけで探されたり，変化したりするものだと考えるのを止めよう。そういう考え方は，比喩に過ぎない。『心的内容 mental content』というような言い方をせずに，心の中で起きていることを説明する方法を確立しなくてはならない。理論，数，デザインといった抽象的な知識「物」（Knowledge objects）を，実際私たちの身の周りにある生き物や人工物のようなリアルな「もの」（Object）だと考えて，リアルな「もの」と同じように知識「物」とも関係を持てると考えよう。ここでいう関係を持つとは，たとえば，理解するとか，身につける（自在に繰れるようにマスターする）ことである。こう考えれば，知識を進化させるという

ことは，抽象的な知識を作り出したり，作り替えたりすることだと考えられるようになる」(p.437 意訳)

　ベライターは，知識を「もの」として扱おうと提言する。知識を言語化できると，それによって，知識そのものが見直しや作り変えの対象になる。自分の知っていることを何度もことばにして表現し直すことが，自分の知識を作り変え，育て上げていくことにつながる。そのように考えるベライターは，最近ウェブ上で公開されたインタビューの中で，「知識が重視される時代に成功する秘訣は何か」と聞かれて，次の6つを挙げている。

　　1．たくさん学ぶ
　　2．学んだことを理解する
　　3．形のはっきりしない問題を好きになる努力をする
　　4．危ないと思っても自分のアイディアに賭ける
　　5．自分のアイディアをもっとよくする
　　6．自分で考える人たちと友人になる

　これらによって，わたしたちの知識は「もの」になり，「もの」として実体を持って交換したり，作り変えたり，育てたりすることができる。ベライターは，そう主張する。その主張に基づいて運営されている学校では，自分の考えを自力で育てていける子どもたちが育っている。ベライターは，教育研究に携わる研究者そのものが，上のようなリストに従って，自ら深く，たくさん学ぶ人であるべきだ，と提言しているのだろう。このリストを，受講して下さったみなさんと共有し，吟味し，わたしたち自身の実践につないでいきたいと願う。

引用文献

Bereiter, C. (2002) *Education and mind in the knowledge age*, Routledge.
※ここで紹介した本の出典，書誌情報は巻末の文献リストに掲げた。

教育心理学を実践的に考えるための参考資料，関連 URL

【地盤固めに】

　この教科書で展開してきた考え方の根底に，第15章で挙げたような研究者が考えてきた人の賢さについての著作があります。どれもかなり厚めの本で，しかも1冊は英語ですが，いつか，どこかの時点で，じっくり楽しんで頂きたいと思います。

コール，M.，天野清訳（2002）『文化心理学：発達・認知・活動への文化―歴史的アプローチ』新曜社。Cole, M. (1996) *Culture psychology: A once and future discipline*, Cambridge, M. A., and London, England: The Belknap Press of Harvard University Press.
　文化が人の思考に与える影響を根掘り葉掘りいつも考えてきたマイケル・コールの研究の集大成です。徹底した相対主義者なので視点がぶれません。伝統的な実験室実験を重ねたあげくに現場観察があり，地域の教育困難地区を対象にしたユニークな実践があります。実践は，多様な取り組みをしていて分かりやすくはありません。その辺が魅力です。

ノーマン，D. A.，野島久雄訳（1990）『誰のためのデザイン？―認知科学者のデザイン原論』新曜社。Norman, D.A. (1988) *The psychology of everyday things*, New York: Basic Books.
　アメリカで1980年代に認知科学を形にした先駆者のひとり，ドナルド・ノーマンの真骨頂です。いわゆる教科書ではありませんが，人の賢さは豊富な内的な知識とわたしたちを取り巻く外の世界との「インタラクションのインタラクション」から生まれるという見方がよく分かる事例がたくさん取り上げられ，丁寧に解説されています。人の心の働きに即した認知科学のおもしろさを知るには1番の本でしょう。改訂版も出ますが，中身の本質は変わっていません。

ブルーナー，J. S.，田中一彦訳（1993）『心を探して』みすず書房。Bruner, J.

(1983) *In search of mind: Essays in Autobiography*, New York: Harper & Row Publishers.
認知科学や学習科学畑の人にとってはジョージ・ミラーとともにハーバード大学に認知研究所を作って世界の心理学を行動主義から認知研究へと決定的にシフトさせた古典的人物ブルーナーの自伝です。古典的心理学，教育改革，ことばや語りをめぐる哲学，文学や法律まで何でもやる人です。この本を読むと，「心の探求」がいつの時代でも心理学や教育学，理論や実践を包括して混沌とした，だからこそ魅力ある研究分野であることが伝わってきます。教育畑の人であればもしかしたら『教育の過程』という古典本のタイトルを聞いたことがあって，まだ生きていたのかと驚かれるかもしれません。1915年生まれだそうですが，いまだに教育の将来を具体的に実現するグループの推進役を務めていたりして健在です。

Bereiter, C. (2002) *Education and mind in the knowledge age*, New York: Routledge.
21世紀型スキルと呼ばれるものの真髄を丁寧に，かつ挑戦的に，語った本です。国際学習科学会ができた2003年の記念シンポジウムで，「わたしたちはまだ人がどこまで賢くなれるものかを知らない。その姿を見たことがない。だからこそ知識や文化，教育や学びについてこれまでとは考え方もやり方も変えて解き明かし続けていく必要がある」と涼しい顔をしていった本人です。当時そろそろ80に近づこうという年でした。若かりし頃「セサミ・ストリート」という教育番組を生んだ Head Start Project を指揮したひとりですが，その後も ICT をうまく使った教育や，「知識社会」と呼ばれるようになった現代に教育が果たす役割についての理論と実践を続けています。Marlene Scardamalia というパートナーとの共著が多い人ですが，この本はめずらしく彼の単著で，彼女に捧げられています。

【人がものを分かる過程を，その道のプロが語った本】

人がどのようにものを考えるか，その様子をどう探るか，それが分かってどうするか，など教育心理学者が答えを出したい問いは，実は科学者，数学者，為政者など，その道のプロもみな関心を持つ問いです。これが分かれば他人の心が繰れるよ

うな気がするからかもしれません。時に，そういう，教育心理学者ではない人たちの，自分自身の得意分野についての「自分の心の中の活動」を語った本は，わたしたちが授業をデザインする時，参考になるものです。世の中にはたくさんあるはずのそういった本の中から，わたしたちの好きなものを数点，ご紹介します。

Bransford, J.D., & Stein, B.S., (1984) *The IDEAL problem solver*, New York: W.H. Freeman and Co. (J.D. ブランスフォード・B.S. スタイン・古田勝久・古田久美子 (1990) 『頭の使い方がわかる本—問題点をどう発見し，どう解決するか問題解決のノウハウ』HBJ 出版局)
 なかなか手に入らない本ですが，市立図書館などで時々見かけます。この教科書で取り上げた The Jasper Project を主催し，「学習科学」の名が日本の教育心理学者の口の端に上るきっかけを作ったともいえる『授業を変える』(*How People Learn*, 後出) を取りまとめた大物の，若い頃の作品です。

以下，日本語の本です。

森毅 (2009) 『数の現象学』ちくま学芸文庫，筑摩書房
　　 (1991) 『魔術から数学へ』講談社学術文庫
 森毅という方は，ご自分が数学を理解してきた過程をさりげなく盛り込みながら，数学というものと数学を理解するとはどういうことかを両方語れる希有な方だったと思います。上記2冊はいずれも概論，あるいは総論的な本ですが，数学そのものを題材に人がいかに数学を理解できるとよいかを語った本の中で出色なものとして，他に『指数・対数のはなし』(1989，東京図書) があります。「異世界数学への旅案内」という副題がついていて，薄い本ですが，読み応えはあります。森氏は指数対数を，万人が理解しておいた方がよい数学の核のようなものだと考えていたのではないかと思います。

板倉聖宣 (2008) 『科学と教育―教育学を科学にするための理論・組織』仮説社
　　　　 (1977) 『科学的とはどういうことか―いたずら博士の科学教室』仮説社
 1冊目は，仮説実験授業について勉強し合う「仮説の会」の若手から，この教科書の読者用に勧めてもらった本．2冊目は「一般的に板倉先生の科学観がよく分

かるといわれている本」だそうです。仮説実験授業の醍醐味は授業を実際受けてみること，それがかなわなくても授業書を数冊読んでみることにあるかとも思います。

【学習科学の基礎作りに】

Bransford, J. D., Brown, A. L., & Cocking, R. R., Eds., (1999), *How people learn: Brain, mind, experience, and school*, Washington, D.C.: National Academy Press. (森敏昭・秋田喜代美監訳 (2002)『授業を変える―認知心理学のさらなる挑戦―』北大路書房)
 1冊定番といえばやっぱりこれなのでしょう。National Academy Press からほぼ毎年1冊，領域のテーマを決めて研究者が集まって意見をまとめ，アメリカ合衆国政府に対して提言報告が出ています。2000年に出されたのは，第13章でも取り上げた評価に関する提言書 Knowing what students know. でした。National Academy of Sciences のページに行ってみると Education というページがあり，STEM という単語があちこちにあります。Science, Technology, Engineering and Math の頭文字です。アメリカ合衆国の学習研究は理数系を大事にしているといっても，中にテクノロジーと工学が入っていることが分かります。

波多野誼余夫・稲垣佳世子 (1973)『知的好奇心』中公新書
稲垣佳世子・波多野誼余夫 (1989)『人はいかに学ぶか』中公新書
 2冊とも引用されている研究は古くなりましたが，展開されている論旨はこの教科書とよく似ています。「人が潜在的に持っている能力をうまく活用して人の賢さを育てる教育をデザインする」という目的は，ずっと教育心理学の中心にあったといえるでしょう。

Lave, J., & Wenger, E. (1991) *Situated learning: Legitimate peripheral participation*, New York: Cambridge University Press. (佐伯胖訳 (1993)『状況に埋め込まれた学習：正統的周辺参加』産業図書)
Lave, J. (1988) *Cognition in practice: Mind, mathematics and culture in everyday*

life, New York: Cambridge University Press.（無藤隆・山下清美・中野茂・中村美代子訳（1995）『日常生活の認知行動：ひとは日常生活でどう計算し，実践するか』産業図書）
　この2冊でレイヴの基本的な考え方，研究への心構え，対象へのアプローチの仕方を学ぶことができます。英語の文章そのものも読み易い文を書く人ではないのですが，両者とも良心的な訳で，特に2冊目の本の日本語訳は大変こなれています。人が自然に学ぶとはどういうことか，文化に支えられて学べる仕組みはどんなものかを理解するのに役に立ちます。ここにもう1冊加えるとしたら，レイヴらの考え方の基盤を作ったともいえる，文化相対主義を解説したコールとスクリブナー（1982）の『文化と思考—認知心理学的考察』（若井邦夫訳，サイエンス社）があります。

三宅なほみ（1997）『インターネットの子どもたち』岩波書店
三宅なほみ・白水始（2003）『学習科学とテクノロジ』放送大学教育振興会
　1冊目は，「人はいかに他者の知恵を借りて賢くなるか」を，インターネットの走りの時代のネットワークを使って実際に実践してみた記録です。書店ではもう入手しにくいと思いますが，coref.u-tokyo.ac.jp/nmiyake/others/children/ebook.html で公開しています。2冊目は，学習科学について集中的に紹介した放送大学の教科書です。考え方と，アメリカの主な実践研究を3件，かなり詳しく紹介しています。

【学習科学を作り出した認知科学を概観する】

安西祐一郎・大津由紀雄・溝口文雄・石崎俊・波多野誼余夫編（1992）『認知科学ハンドブック』共立出版
　日本で編集刊行された独自のハンドブックで，認知科学が立ち上がってきた頃の総合科学的な色合いをよく残しています。特に教育心理学と関係するのは，第1編『相互作用』中の概観論文，Brown, Collins, & Duguid 論文，ハッチンスの職場での仕事の継承を扱った論文の他，子どもの言語の獲得過程や表象の発達的変化についての論文は読み応えがあります。

波多野誼余夫・大津由起夫他（2004; 2006）『認知科学への招待1，2』研究社
　シリーズ本で，特に日本人による研究をまとめて紹介しています。1が2004年，2が2006年に出版されました。本の薄さゆえの偏りはありますが，元気のよい研究者の，本人による紹介が特徴的です。

【認知科学につながる認知心理学を概観する】

Lindsay, P. H., & Norman, D. A.（1977）*Human information processing: An introduction to psychology, 2nd Edition,* New York: Academic Press.（中溝幸夫・箱田裕司・近藤倫明訳『情報処理心理学入門Ⅰ—感覚と知覚—』(1983)，『情報処理心理学入門Ⅱ—注意と記憶—』(1984)，『情報処理心理学入門Ⅲ—言語と思考—』(1985) サイエンス社）
　包括的な，それでいて大事なテーマが厳選されているよい教科書です。解説というよりも読み手が自分で本に出てくる課題を解きながら体験してみて学ぶようにできているので，講義で使うには工夫がいります。教科書を作るのは労力がかかりすぎるとのことで改訂版は1回出たきりです。

【建設的相互作用の解説】

三宅なほみ（1982）「文化・社会の中での学習」波多野誼余夫編『認知心理学講座vol. 4—学習と発達—』東京大学出版会，pp. 154-169.

三宅なほみ（1985）「理解におけるインターラクションとは何か」佐伯胖編『認知科学選書4—理解とは何か—』東京大学出版会，pp. 69-98.

三宅なほみ（1988）「理解の過程と他人の目—第三の目の導入と理解の階層飛躍—」『解釈の冒険』NTT出版，pp. 160-189.

三宅なほみ（1999）「認知過程を分析して賢さを追う」佐藤隆夫編『43人が語る「心理学と社会」21世紀の扉をひらく1　知覚・認知・感情』ブレーン出版，pp. 154-177.

Miyake, N.（2001）Joint problem solving. In N. J. Smelser, & P. B. Baltes, (Eds.), *International Encyclopedia of the Social & Behavioral Sciences,* Orlando, F.L.:

Pergamon.
三宅なほみ・波多野誼余夫（1991）「日常的認知活動の社会的文化的制約」日本認知学会編『認知科学の発展　vol. 4』講談社，pp. 105-131.
※最近の展開については　http://coref.u-tokyo.ac.jp/　を見て下さい。

● この教科書で取り上げた教材や授業のサイト
・WISE Web-based Instruction of Science Education
　URL：http://wise.berkeley.edu/welcome.php
　http://scope.educ.washington.edu/
・Learning by Design, LBD
　URL：http://www.cc.gatech.edu/edutech/projects/lbdview.html
　Kolodner, J. L., (2002), "Learning by Design^{TM}: Iterations of design challenges for better learning of science skills",『認知科学』, 9, pp. 338-350.

索引

●配列は五十音順，＊は人名を示す．

dependability 204
Learning By Design 147
portability 204
p-prims 78
sustainability 205
WISE プロジェクト 163

●あ行

稲垣佳世子＊ 71
ヴォスニアドゥ＊ 75
打ち上げユニット 149
エキスパート活動 182

●か行

カーミロフ・スミス＊ 63
解釈 214
概念的知識 129
概念変化 70
科学教育の目標 213
学習プロセス 217
確証バイアス 49
仮説実験授業 154
課題遂行者 95
活動 24
活用可能性 204
可搬性 204
観察 214
擬人化 71
機構 90
記述式の問題 167
機能 90
機能機構階層 91
九点問題 175
協調学習 85

協調過程 54
協調的学習過程 85
協調的な学習 171
協調的な学習環境 87
経験則 15, 69, 164
形成的評価 216
言語記録簿 89
建設的相互作用 85, 96, 173
建設的相互作用論 88
公教育制度時代 194
コロドゥナー＊ 147

●さ行

ジグソー活動 182
持続可能性 205
社会的構成 17
社会的構成主義 86
社会的文化的制約 117
ジャスパー・プロジェクト 139
熟達 123
熟達者 122
生涯学習時代 195
真性性 117
スキーマ 44, 47
スマート・ツール 144
制約 47
専門家 123
素朴概念 70
素朴理論 69

●た行

多肢選択型の問題 167
「断片的知識」アプローチ 78
断片的な知識 78

知識構成型ジグソー法　180
知識構築　219
知識の外化　47
定型的な熟達　127
ディセッサ*　78
適応的な熟達　127
テクノロジーによる評価　218
手続き的知識　129
転移　116
徒弟制時代　193

●な行
内在的評価　219
乳児　57
認知　214
認知過程　24, 41
認知研究　41
認知的バイアス　49, 60
認知の領域固有性　70

●は行
波多野誼余夫　71
評価　210

評価の三角形　213
表象　32
表象書き換え理論　63
ブランスフォード*　145
ブルーアー*　76
フレームワーク理論　75, 78

●ま行
水瓶問題　175
メタ認知　51
モニター　95

●や行
幼児　57

●ら行
リン*　163
類似課題　144

●わ行
分かり易い説明　16
枠組み　27

編著者紹介

三宅　芳雄（みやけ・よしお）

1972年　東京大学教育学部卒
1974年　東京大学大学院教育学研究科修士課程修了
1982年　カリフォルニア大学サンディエゴ校心理学科博士課程修了
　　　　Ph.D.
　　　　国立教育研究所，NTT基礎研究所，中京大学情報理工学部
　　　　教授，放送大学教授を経て，現在放送大学客員教授
　専攻　認知科学，教育心理学
研究テーマ
　　　　思考学習支援，ユーザビリティ研究
主要著書
　　　　「意識−心の基本的特徴の解明」『認知科学ハンドブック』
　　　　（一部執筆，共立出版）
　　　　『教育心理学特論』（放送大学教育振興会）他

三宅　なほみ（みやけ・なほみ）

1972年　お茶の水女子大学文教育学部卒
1974年　東京大学大学院教育学研究科修士課程修了
1982年　カリフォルニア大学サンディエゴ校心理学科博士課程修了 Ph.D.
　　　　青山学院女子短期大学一般教育科目助教授，中京大学情報科学部教授，東京大学教育学研究科教授，東京大学大学総合教育研究センター教授，東京大学名誉教授
2015年　逝去
　専攻　認知科学，学習科学
研究テーマ
　　　　協調的認知過程，テクノロジによる知的創造活動支援
主要著書
　　　　『インターネットの子どもたち』（岩波書店）
　　　　『学習科学とテクノロジ』（編著，放送大学教育振興会）
　　　　『教育心理学特論』（放送大学教育振興会）他

放送大学教材　1118129-1-1411（ラジオ）

新訂　教育心理学概論

発　行　　2014年3月20日　第1刷
　　　　　2018年1月20日　第5刷
著　者　　三宅芳雄・三宅なほみ
発行所　　一般財団法人　放送大学教育振興会
　　　　　〒105-0001　東京都港区虎ノ門1-14-1　郵政福祉琴平ビル
　　　　　電話　03（3502）2750

市販用は放送大学教材と同じ内容です。定価はカバーに表示してあります。
落丁本・乱丁本はお取り替えいたします。

Printed in Japan　ISBN978-4-595-31464-3　C1311